대 한 민 국
미 래 경 제
보 고 서

정치의 미래

대 한 민 국
미 래 경 제
보 고 서

The Future of Politics

정치의 미래

디지털 민주주의 시대가 온다

| 매일경제 미래경제보고서팀 지음 |

매일경제신문사

《걸리버 여행기》에 나오는 소인국 릴리퍼트는 높은 굽을 신는 '트라메크산'과 낮은 굽을 고집하는 '슬라메크산'으로 갈라진 사회였다. 구두 굽 높이에 따라 정파를 달리하던 국민들은 달걀을 먹을 때 어느 쪽부터 깨는지에 따라 다시 갈라졌다. 소설 속 릴리퍼트는 이념적 도그마와 지역주의에 함몰돼 철저히 둘로 나뉜 한국 정치와 크게 다르지 않다.

전 세계는 지금 장기 저성장 시대의 어두운 터널 속에 있다. 한국이 명실상부한 선진국 대열에 합류하려면 먼저 정치가 바뀌어야 한다는 데 이견이 없다. 하지만 현실은 암울하기만 하다. 한국 정치는 승자독식, 이념 대립, 지역주의 등 갖가지 밧줄에 묶여 시대의 변화 속도에 역행하고 있다.

그중에서도 가장 단단한 밧줄은 거대 정당이 주도하는 '비토크라시_{Vetocracy, 거부권 정치}'다. 프랜시스 후쿠야마가 만든 용어인 비토크라시는 상대 정파의 정책에는 무조건 거부권을 행사하는 극단적 파당 정치를 의미한다. 많은 전문가들이 한국 정치에서 협력이 사라진 가장 큰 원인은 거대 정당으로 양분된 채 30년을 이어 온 폐쇄적 구조라고 지적한다. 막강한 권한을 지닌 대통령을 배출하는 정당이 권력을 독점하는 '승자독식' 구도 역시 한국 정치의 구조적 한계다.

기성 정당들은 변화를 거부하고 현실에 안주했다. 양당 구도의 혁파를 주창하며 등장한 새로운 정당조차 기존 정당의 창당 모델을 답습했다. 중앙 당사부터 마련하고, 기성 정치인들을 중심으로 당을 꾸렸다. 국고보조금을 거부하겠다거나 온라인 정당화를 통해 차별화를 꾀하겠다는 혁신적 발상은 찾아보기 어려웠다.

이에 비해 최근 남유럽 정치판을 휩쓸고 있는 스페인 포데모스, 이탈리아 오성운동 등 신생 정당들은 기성 정치를 거부하면서 '스타트업_{Start-up}' 정당의 새바람을 일으키고 있다. 2015년 12월 총선에서 스페인 유권자들은 프랑코 총통 사망 후 33년간 이어진 양당 구도를 허물어 버렸다. 글로벌 금융위기 이후 수년째 이어진 긴축정책으로 국가 전반에 피로가 누적됐고, 결과적으로 정치지형의 근본적 변동을 불러왔다.

물론 남유럽의 신생 정당들은 검증되지 않았다. 하지만 이들은 온라인 플랫폼을 통해 시민들이 원하는 정책을 곧바로 입안하고,

공직 후보자를 시민들의 손으로 직접 뽑는 혁명적 실험을 하고 있다. 대중이 정당의 중심이 되고, 대중의 요구가 정책으로 만들어지고 있다.

스페인과 이탈리아의 사례는 경제는 활력을 잃어 가고, 정치는 혐오의 대상이 돼 버린 한국에 주는 시사점이 적지 않다. 집필진은 포데모스와 오성운동의 리더들을 인터뷰해 이들이 추구하는 정치적 지향점을 들어 봤다.

아울러 보고서를 준비하는 과정에서 세계적인 미래학자들과 개별 인터뷰를 통해 '미래정치'의 조감도를 그리고자 했다. 이들은 먼저 민주주의의 원형인 그리스 아테네의 직접 민주주의에 주목했다. 모바일 시대를 거쳐 빅데이터 기술까지 범용화되면 민주주의 시스템에도 혁명적인 변화가 예상된다는 것이다. 한 시대의 정치 제도는 그 시대를 사는 사람들의 가치관, 지적 수준, 기술 등을 반영한다.

인구가 급증하고 투표권자가 빠르게 확산된 19세기와 20세기에는 간접 민주주의가 지배적 정치 체제로 군림했다. 그러나 21세기 들어 범지구적 이슈가 급증하는 동시에 개별 시민의 의사를 반영할 기술적 인프라스트럭처는 한층 진화하고 있다. 디지털 기술은 소통의 속도와 범위를 근본적으로 뒤흔들고 있다. 간접 민주주의에 기초한 기존의 정치 시스템에 서서히 균열이 발생하는 이유다.

이제 정치는 시민들이 휴대전화를 쥔 손으로 자신의 의견을 표명하는 '직접 민주주의'를 향해 빠른 속도로 나아가고 있다. 베스트셀러 《2018 인구절벽이 온다》의 작가이자 미래학자인 해리 덴트는 인터뷰에서 "경제적 실패가 결국 정치적 혁명을 가져올 것이고, 20년 안에 폭발할 것으로 본다. 이 혁명은 사적 이익만 추구해 온 정치인들에게 빼앗겼던 민주주의의 권리를 미래의 시민들에게 되돌려 줄 것"이라고 예견했다. 그는 이 같은 거대한 변화를 가리켜 산업혁명에 버금가는 네트워크 혁명이라고 명명했다.

〈매일경제〉 미래경제보고서팀이 만든 〈대한민국 미래경제보고서〉는 기술, 기업, 금융, 정치, 도시 등 5개 분야로 나눠 작성됐다. 이 가운데 '정치의 미래' 편은 앞으로 전개될 정치의 미래상을 먼저 살펴본 뒤 글로벌 정치는 현재 어떤 변화를 겪고 있는지를 다뤘다.

이어 한국 정치가 처한 현실을 냉정히 진단했다. 그리고 정치개혁을 위한 액션 플랜도 제시했다. 부디 한국 정치가 과거가 아니라 미래에 초점을 맞추는 데 이 보고서가 작은 단초가 되기를 바란다.

CONTENTS

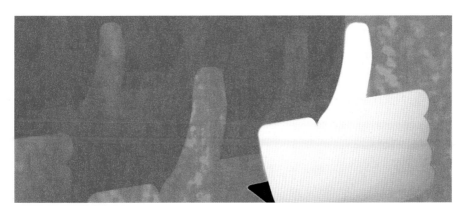

대 한 민 국 미 래 경 제 보 고 서

CHAPTER 01

미래정치
어떻게 바뀔까

디지털크라시
– 새로운 민주주의

거대 정당의 소멸

시나리오 #1. 2030년 봄 미국 민주당이 해체를 선언했다. 1792년 창당된 240여 년 역사의 거대 정당이 사라지자 대다수 미국인들은 환호했다. 공화당 역시 해체 여부를 결정할 전당대회를 앞두고 있다. 미국은 민주당과 공화당이라는 양대 정당의 비토크라시Vetocracy, 거부권 정치에 발목 잡혀 세계 최강 국가의 위상이 점점 약화됐다. 4년 전인 2026년 미국 건국 250주년을 기점으로 거대 정당이 분화돼야 미국이 다시 1등 국가가 될 수 있다는 시민사회의 요구가 거세졌다. 민주당은 이제 2개의 정당으로 쪼개진다. 그중 신민주네트워크New Democratic Network는 당Party 대신에 네트워크라는 명칭을 쓰고, 디지털 기반 정당으로 변신을 선언했다. 100% 온라인 투표로 상하원 의원 후보를 선출하는 동시에 모든 법안에 대한 찬반을 온라인 당원 투표에 의해 결정하기로 했다.

세계적 미래학자들은 미래정치의 가장 큰 변화로 '거대 정당의 해체'를 지목했다. 현재의 거대 정당은 좌우 이념의 낡은 굴레를 벗어나지 못한 채 다수의 이익을 외면하고 미래의 이슈에 제대로 대처하지 못하고 있다. 따라서 낡은 정당의 해체가 미래정치의 새로운 출발을 알리는 신호탄이 될 것이란 전망이 나온다.

거대 정당은 좌우 이념보다는 정책 중심으로 시민사회와 연대하는 '네트워크' 형태로 분화될 가능성이 높다. 정당의 핵심 인력은 직업 정치인이 아니라 정책 전문가 그룹으로 대체될 것이다. 또 디지털 기술의 획기적 발전에 따라 개별 당원들의 의사를 실시간으로 반영하는 '온라인 정당'으로 진화할 것으로 예상된다.

독일의 미래학자 마티아스 호르크스는 "미래의 정당은 싱크탱크의 성격을 지닌 '창조 정당Parties of Creativity'이 돼야 한다. 주권 국가를 넘어 스스로 지구의 시민이라 믿고 미래를 선도하는 새로운 정치세력이 등장할 것"이라고 예견했다. 그는 특히 좌우로 양분된 거대 정당에 대해 "똑같은 이야기를 반복적으로 하는 일본의 고전극 가부키와 같다"고 힐난했다. 좌파나 우파나 정작 미래의 핵심 이슈에 대해 납득할 만한 해답을 제공하지 못하고 있다는 비판이다.

호르크스는 파당과 분열을 일삼는 기존 정치인들을 가리켜 "자신의 명성과 이익을 위해 정치를 게임으로 만드는 더럽고, 포악하고, 병성안 사람들이나. 트럼프들의 징치권Political World of Trumps이

될까 두렵다"고 신랄하게 비판했다. 또한 "훌륭한 정치인은 이념과 극단주의에 입각해 행동하지 않으며 시민들에게 즉각적인 피드백을 제공하는 사람들이다. 이제 시민들이 나서 권력의 피라미드를 뒤집어야 한다"고 강조했다.

미래학자 이언 피어슨은 "정당 스스로 브랜드 가치를 새롭게 정의한다면 여전히 매력적인 제도로 남을 수 있다. 좌우의 간극이 더 멀어지면 같은 나라에 살면서 서로 다른 정부를 선택하는 '이중 민주주의Dual Democracy'가 등장할지도 모른다"고 예언했다. 오늘날 정치의 최대 위험 요인은 이념적 양극화라는 얘기다.

어쨌든 디지털 기술과 소셜네트워크서비스SNS, 모바일 기기의 급속한 확산은 20세기를 지배해 온 거대 정당의 해체를 촉진할 전망이다. 세계적으로 페이스북과 트위터에서 실질적으로 활동하는 사람은 각각 11억 명, 5억 명 수준에 달한다. SNS의 정치적 휘발성은 이미 '아랍의 봄'에서 확인됐다. 김수진 이화여대 정치외교학과 교수는 "대의제 정당이 담합 정당으로 변질되면서 불신은 계속 커지고 있다. 정당이 시민사회와 국가 사이의 매개체 역할을 못하면 결국 시민사회가 국가와 직접 접촉해 법률과 정책을 생산할 수밖에 없다"고 말했다.

기성 거대 정당은 기득권에 안주한 채 '지대 추구Rent Seeking'에만 골몰했다. 당원은 물론 일반 국민의 니즈를 정책에 반영할 능력도 의지도 없다는 얘기다. 경제학 용어를 빌리자면 기존 정당

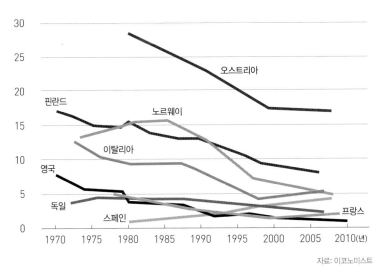

줄어드는 유럽의 정당 당원 수 (단위: %)

오스트리아
핀란드
노르웨이
이탈리아
영국
독일
스페인
프랑스

1970 1975 1980 1985 1990 1995 2000 2005 2010(년)

자료: 이코노미스트

시스템은 정치의 최종 소비자인 국민들에게 너무 큰 '거래비용 Transaction Cost'을 전가하고 있다.

김형준 명지대 교수는 "정당은 기본적으로 정부와 국민을 매개하는 역할을 하는데 지금 정당은 거래비용이 너무 크다. SNS 정당, 온라인 정당 등 대체 조직이 등장할 가능성이 높다. 몇 사람이 중요한 의사결정을 독점하는 구조를 국민들이 용납하지 않게 되면 직접 민주주의가 확대될 수밖에 없다"고 설명했다.

실제로 정당 정치의 본산인 유럽의 정당 가입자 수가 기성 정당에 대한 불신을 상징하고 있나. 영국은 1950년대 전 국민의 약

20%가 당원이었지만 지금은 겨우 1% 수준이다. 2014년 기준으로 노동당 27만 명, 보수당 15만 명 등 전체 정당 가입자는 69만 명 수준이다.

인구 대비 당원 비율은 오스트리아가 17%로 그나마 높은 편이지만 프랑스, 스페인, 독일, 영국 등은 모두 5% 미만으로 추락했다. 특히 젊은 세대가 기존 정당을 외면한다. 독일 3대 정당 당원의 평균 연령은 59세에 달한다. 우리나라의 경우 2014년 기준 정당 가입자가 새누리당 270만 명, 더불어민주당 243만 명 등으로 인구 대비 10.2%에 이른다. 그러나 당비를 내는 진성 당원은 새누리당 9.4%, 더불어민주당 13% 등 총 57만 명으로 인구 대비 1.1%에 그친다.

아고라 민주주의의 귀환

민주주의의 원형은 그리스 아테네의 직접 민주주의다. 그 상징이 바로 민회가 열렸던 프닉스Pnyx 언덕과 아고라Agora 광장이었다. 프닉스 언덕에서 열흘마다 열렸던 민회에서는 여성과 노예를 제외한 남성 누구나 의사를 표명하고 투표에 참여했다. 오랜 왕정 시대를 거쳐 19세기와 20세기에는 간접 민주주의가 지배적 정치 시스템으로 자리를 잡았다.

그러나 21세기 들어 글로벌 이슈가 폭증하는 동시에 개별 시민의 의사를 반영할 수 있는 기술은 빠르게 발전하고 있다. 정치인들의 부패와 무능도 정보기술IT 발달과 함께 직접 민주주의에 대한 갈망을 키우는 요소다.

　　베스트셀러 《2018 인구절벽이 온다》의 작가이자 미래학자인 해리 덴트는 "민주주의와 자본주의는 서로 견제하며 오랜 시간 잘 작동해 왔지만 최근 질서가 파괴됐다. 현재의 정치 시스템으로는 망가진 질서를 회복할 수 없다"고 단언했다. 그는 "정치조직은 하향식 구조가 아니라 상향식 구조로 바뀔 것이다. 시민들에게 더 많은 권리를 주는 제2의 민주주의 혁명이 도래한다. 어느 누구도 상상하지 못했던 정치·사회적 변화를 목도하게 될 것"이라고 목소리를 높였다.

　　미래학자 비벡 와드하도 기술 발전으로 인해 정치에서 '중개인'의 역할이 빠르게 축소될 것이라고 예견했다. 이에 대해 미래학자 마리나 고비스는 "미래에는 보통 사람들이 전문가나 시스템의 도움을 받아 지역사회 정책을 직접 결정하는 새로운 형태의 통치 체계를 구축하게 될 것이다. 기술은 사람들이 가상공간에 모여 의견을 표명하고, 나아가 집단적 의사결정을 내리게 만들 것이고 어쩌면 고대 그리스 이후 처음으로 진정한 민주주의가 가능해질지도 모른다"고 밝혔다.

　　김수진 이화여대 교수는 '결사제 민수수의Associative Democracy'와 '심의 민주주의Deliberative Democracy'가 강화될 것으로 전망했다. 조직화된 시민들이 정부 의사결정에 더 많이 참여할 것이란 전망이 결사체 민주주의의 개념이다. 심의 민주주의는 서울시가 인권헌장 제정 과정에 시민들을 참여시킨 것이 대표적 사례.

물론 직접 민주주의 확산에 대한 우려도 있다. 이내영 고려대 정치외교학과 교수는 "디지털 미디어가 직접 민주주의 확대를 위한 채널로 작용할 가능성은 크지만 트위터, 페이스북 등에 끼리끼리 모이면서 오히려 이념적 편향성이 증폭될 수 있다. 참여 민주주의란 다양한 의견을 표출하고 합의를 도출한다는 전제가 있는데 지금처럼 정치적 양극화가 유지되면서 직접 민주주의가 확대되는 것은 위험스러운 측면도 있다"고 지적했다.

조셉 이 한양대 정치외교학과 교수는 "정치학자들은 정치가 뇌의 1%만 차지한다고 말한다. 국민들에게 매주 정치 이슈에 투표하라고 하면 대부분의 사람들은 참여하지 않을 것이다. 직접 민주주의가 확대되면 오히려 선동가가 정치를 주도할 우려가 있다"고 말했다.

디지털 기술에 기반을 둔 온라인 정당은 전 세계적으로 확대될 것으로 보인다. 김상배 서울대 외교학과 교수는 최근 학생들과 함께 중국 상하이의 샤오미, 항저우의 알리바바, 장쑤성 우시의 '화리우드華(華)+할리우드' 등을 탐방했다. 그는 중국 기업 샤오미에서 새로운 정당 모델의 가능성을 엿봤다고 밝혔다. 잘 알려진 대로 IT기업 샤오미는 제조시설 기반 없이 소프트파워 역량에 집중해 스마트폰은 물론 노트북 컴퓨터, TV, 공기청정기까지 제품 라인업을 순식간에 확장하고 동종 제품에 비해 판매가격을 크게 낮췄다. 오프라인 유통망을 구축하는 것이 아니라 철저히 온라인 마케팅에만 주력했다.

김 교수는 "(미래의) 정당은 소프트웨어를 만들어 제공하는 서비스기업이 돼야 한다. 플랫폼이 만들어지면 애플이나 샤오미의 운영체제os처럼 개발자들이 그 OS에 맞춰 정책을 만들어 내는 방식이 될 것"이라고 예상했다. 정당이 개방화되면 외부 전문가들이 언제든 부담 없이 특정 프로젝트에 참여해 정책 개발에 협력하는 구조가 형성될 수 있다는 얘기다. 그는 "온라인을 중심으로 움직이는 한국식 샤오미 정당을 만들 수 있는 혜안을 가진 사람이 필요하다. 허브 역할을 하는 사람들은 필요하지만 지금처럼 (중앙당) 사무국을 갖춘 정당일 필요는 없다"고 강조했다.

미래에는 돈이나 조직 등 하드파워가 아니라 정책을 중심으로 전문가 그룹과 네트워크를 구축할 능력을 지닌 '소프트파워 정당'이 대세가 될 것이란 예상이다. 미래학자 이언 피어슨은 장기적으로 인공지능AI이 대의 민주주의의 핵심 기제로 떠오를 가능성을 제기했다. 그는 "언젠가 정밀하게 고안된 AI가 대리인 역할을 직접 수행하게 될 것이다. 개인의 선호도를 정확히 아는 AI가 국민 각자의 이익을 대변하고 서로 협상해 합의를 노출할 수 있나"고 내다봤다.

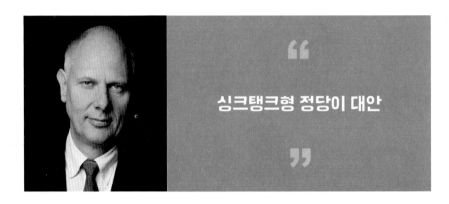

"
싱크탱크형 정당이 대안
"

마티아스 호르크스Matthias Horx는 유럽을 대표하는 미래학자다. 《위대한 미래》,《메가트렌드 2045》등 베스트셀러 작가로 1999년 독일 프랑크푸르트에 '미래연구소'를 설립해 인류의 미래를 연구하고 있다. 그는 '코스모크라트Cosmocrat'라고 명명한 신흥 정치계급이 미래정치를 주도하며 새로운 정당은 싱크탱크와 가까운 형태가 될 것이라고 전망했다.

Q1. 대의 민주주의에 기반을 둔 정치 구조가 존속할 것인가.

국가가 위기 상황에 직면하거나 경제가 허약할 때 대의 민주제는 '과잉 대표Over Representative'로 변질된다. 일부 '비민주적 민주국가 Non-democratic Democracies'에서 볼 수 있듯이 강한 지도자를 뽑는 경향이 있다. 강한 지도자는 대의 민주국가의 근간을 흔들 염려가 있다. 민주주의의 건강성은 일상에서 국민 스스로 권한이 있다고 느끼는지에 달려 있다. 복잡한 문제일수록 위로부터의 해결은 불가능하며 여러 계층의 참여가 필요하다. 진정한 민주주의 국가의 지도자는 이념과 극단주의에 입각해 행동하지 않는다. 미래 정부는 우선 시민사회, 비정부기구와 협력을 늘릴 것이다. 권력은 차츰 정부 간 조직Intergovernmental Organization에 이양된다.

Q2. 기술 발전에 따라 직접 민주주의가 가능해질까.

디지털 기술이 발달함에 따라 민주주의는 더 생산적인 방향으로 발전할 수 있다. 스위스, 스칸디나비아, 캐나다 등에서 여러 가지 실험이 진행되고 있다. 하지만 민주주의에 대한 근본적인 질문은 즉흥적이 아니라 사색적Reflective이어야 한다. 그렇지 않으면 국민은 기분에 따라 투표하고 나중에 후회할 것이다. 정치가 소용돌이에 빠질 수 있다.

Q3. 거대 정당 시스템은 유지될까.

자유와 정의, 성장과 환경 사이에서 균형을 잡으려면 20세기 관념을 초월하는 체계적 해답이 나와야 한다. 이제 세계적 담론, 지식 창조를 이끌 새로운 정당이 필요하다. 미래 정당은 싱크탱크의 성격을 띤 '창조적 정당Parties of Creativity'이어야 한다. 신흥 정치 계층이 부상하고 있다. 나는 이들을 '창조 계급Creative Class' 혹은 '코스모크라트Cosmocrat'라고 부른다. 코스모크라트는 모든 국가에서 변혁을 주도하는 세력이다. 주권 국가를 넘어 삶을 영위하며 자신을 지구의 시민이라 여긴다. 이들에게 제일 큰 이슈는 환경, 디지털 기술, 새로운 세계 문화다.

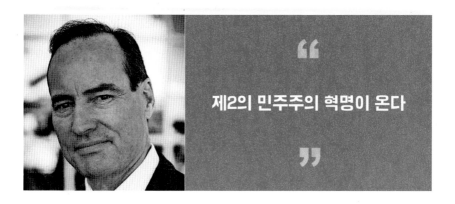

"
제2의 민주주의 혁명이 온다
"

해리 덴트Harry Dent는 경제 예측 기관인 덴트연구소 창업자이자 현재 HS덴트재단 이사장이다. 인구 구조와 소비 흐름에 기반을 두고 미래 투자 전략을 짜는 데 있어 최고 권위자로 꼽힌다. 《부의 패턴》, 《2018 인구절벽이 온다》 등을 저술한 그는 경제적 위기가 결국 정치적 혁명을 가져올 것이라 예측했다.

Q1. 정치 시스템에 변화를 기대할 수 있나.

민주주의와 자본주의는 서로 견제하면서 오랜 시간 잘 작동해 왔다. 그러나 최근 들어 이 질서가 파괴됐다. 위에서 명령만 내리는 관료주의가 개입했기 때문이다. 현재의 정치 시스템이 이 망가진 질서를 회복시키리라 기대하긴 어렵다. 경제적 실패는 결국 정치적 혁명을 가져올 것이며 20년 안에 폭발하리라 본다. 이 혁명은 사적 이익만 추구해 온 정치인과 로비스트들에게 빼앗겼던 민주주의 권리를 미래의 시민들에게 돌려줄 것이다.

Q2. 미래정치는 어떤 모습일까.

정치나 경제나 제대로 작동하기 위해서는 '협력'과 '경쟁'이 중요하다. 그렇기 때문에 독재나 독점은 사회 발전에 부정적이다. 인터넷은 시민들이 보다 직접적인 의견을 말할 수 있도록 도울 것이다. 나아가 더 많은 이들이 투표에 참여할 수 있다. 기업과 마찬가지로 정치 제도도 하향식 구조가 아닌 상향식 구조로 변화할 것이다. 시민들에게 더 많은 권리를 주는 '제2의 민주주의 혁명'을 의미한다. 세계는 250년 주기로 혁명을 맞이했다. 18세기 미국과 프랑스 혁명이 있었고 16세기엔 종교개혁이 있었다. 이제 또 다른 혁명이 우리 눈앞에 와 있다.

Q3. 정치적 혁명이 긍정적 결과를 낳을까.

정보기술의 발달로 매일매일 모든 사람들의 손에 최신 정보가 주어지고 있다. 의사결정이 위에서 내려지지 않고 각 분야의 최전선에서 내려지게 된다. 소득 불평등을 야기하고 소수의 사적 이익만을 추구하는 기류는 점점 사람들을 극단의 상황으로 몰아

가고 있다. 시민들은 반란을 일으키겠지만 혁명의 과정이 순탄치
는 않을 것이다. 그러나 결국 선진국에서는 중산층을 다시 부흥
시키고 개발도상국에서는 새로운 중산층의 도래를 촉진할 것이
다. 어느 누구도 상상하지 못한 정치적, 사회적 변화를 몇 년 안에
목도할 것으로 본다. 혁명은 항상 상층부와 하층부의 크기를 뒤
바꿔 왔다. 새로운 기술이 '반란'을 앞당길 것이다.

코스모크라시
– 글로벌 연대의 확장

초국가적 시민사회의 형성

시나리오 #2. 2030년 어느 날 지구상에 존재하는 100만 개의 NGO비정부기구가 하나의 동맹으로 뭉쳤다. 이들은 국가 간 연합체인 유엔United Nations과 같은 약자를 쓰는 신新유엔New United NGOs의 창설을 선포했다. 신유엔은 환경, 기아, 종교 갈등 등 세 가지 문제를 해결하겠다고 밝혔다. 신유엔에는 NGO뿐 아니라 설립 자금을 지원한 구글, 애플, 삼성 등 글로벌 기업 1,500곳의 최고경영자들도 동참했다. 유수 대학의 교수와 공학자, 종교인 등을 합해 개인 회원 수가 1억 명에 달하는 초대형 조직이다. 그러나 이들은 단 한 번도 한자리에 모인 적이 없다. 모든 회의는 모바일로 이뤄진다. 그린란드에 위치한 빅데이터 센터가 유일하게 오프라인 세계에 존재한다.

미래정치를 상징하는 또 하나의 단어는 '코스모크라시Cosmocracy'다. 우주를 뜻하는 '코스모스'와 '데모크라시'의 합성어인 코스모크라시는 글로벌 이슈를 해결하려는 전 세계 시민사회의 연대 정치를 가리킨다.

미래학의 선구자인 짐 데이토 하와이대 교수는 "300년 전부터 이어져 온 현재의 정부 형태는 정보화 사회에선 무용지물이다. 미래 세대는 현재 세대가 경험하지 못한 정치, 환경, 에너지, 기술 등의 거대한 변화에 맞닥뜨리게 될 것"이라고 경고했다. 그는 "기존의 정치·사회적 시스템은 앞으로의 수십 년이 짓누를 무게를 견디지 못하고 무너질 수 있다. 위기를 겪으며 사람들은 정부를 더 불신하게 되고 심지어 스스로 해결책을 찾기 위해 새로운 형태의 정부를 수립하고자 나설 것"이라고 예상했다.

미래학자인 토마스 프레이 다빈치연구소 소장은 '프랙털 거버넌스Fractal Governance'라는 개념을 제시했다. 기하학 용어인 프랙털은 작은 구조가 전체 구조와 비슷한 형태로 끝없이 되풀이되는 형태를 말한다. 프레이 소장은 "1648년 베스트팔렌 조약 이후 국가는 국경을 인지하고 다른 나라와의 교섭권을 독점했다. 하지만 인터넷이 국경 없는 연결성을 제공하면서 국가 시스템은 글로벌 시스템으로 이행하고 있다"고 진단했다.

그는 여섯 가지 측면에서 국가는 점점 기능을 잃게 될 것이라고 예견했다. 첫째, 국경을 넘나드는 글로벌 시민은 상호 충돌하는 수백 가지의 법에 저촉된다. 둘째, 해킹을 비롯한 기술 발전을 기존 정부의 효율성으로 통제할 수 없다. 셋째, 금융계좌를 비롯한 사생활의 노출이 일상화됐다. 넷째, 다국적 기업과 다국적 근로자들의 급증으로 이중 세금 부과에 대한 불만이 고조된다. 다섯째, 거대 기업과 월가의 금융사들을 견제할 수단이 사라졌다. 여섯째, 자동화 증가에 따라 중산층 노동자들은 빠른 속도로 일자리를 상실한다.

근대적 의미의 국가는 경계가 사라진 글로벌 시대에 더 이상 효율적 통제기구로 기능하지 못한다는 얘기다. 프레이 소장은 이 대목에서 새로운 독립적 통치 구조인 프랙털을 화두로 던졌다. 그는 "정부를 뛰어넘는 새로운 독립체가 해결책을 제공하기 위해 등장할 것이다. 프랙털은 독립적 조직에 의해 운영되는 좁은 범위의 '글로벌 당국Global Authority'으로 개별 국가의 통제권 밖에 위치한다"고 말했다. 국제인터넷주소관리기구ICANN가 비영리기구로서 전 세계 인터넷 도메인의 관리 규율을 책임지는 것처럼 향후 암호화폐, 프라이버시, 해양오염, 특허권 등 수많은 영역에서 프랙털이 등장할 것이란 전망이다.

결국 프랙털 통치란 글로벌 소小정부의 확산, 그리고 이들이 실질적으로 글로벌 시민의 새로운 생활 영역을 통제하는 시대를 의미한다. 새로운 글로벌 이슈를 지금처럼 개별 국가의 정치인과 공무원에게 맡길 것인가, 아니면 국가 이익에서 자유로운 전문가

집단에 위임할 것인가. 권력의 무게중심은 후자로 기울어 갈 것
이란 전망이 우세하다.

"
프랙털이
국가 체제를 대신할 것
"

토마스 프레이Thomas Frey는 구글이 선정한 최고의 미래학자로 다빈치연구소 소장을 맡고 있다. 유엔미래포럼 이사이자 최고 IQ 소유자들의 모임인 '트리플 나인 소사이어티Triple 9 Society' 회원이다. 한국에도 여러 차례 방문해 미래기술이 사회를 어떻게 변화시킬지 강연했다. 그는 미래의 정치를 '프랙털 거버넌스Fractal Governance'란 개념으로 설명했다.

Q1. 현재 정치 시스템이 미래에도 유효할까.

1648년 베스트팔렌 조약 이래로 국가는 세계에서 가장 강한 독립체였다. 하지만 인터넷이 국경 없는 연결성을 제공하고 글로벌

화가 진행되면서 국가들은 역할을 유지하는 데 어려움을 겪는 반면 시민들은 보다 자유로워졌다. 앞으로 기존의 국가 시스템은 제대로 기능하지 못할 것이다. 국경 역시 의미가 없어질 것이다. 현재 국가 시스템은 미래의 새로운 환경에 적응하지 못하고 많은 실패를 경험하게 될 것이다. 아니, 이미 실패하고 있다.

Q2. 실패한 국가를 무엇이 대체하게 될까.

현재 국가 개념을 포함하는 새로운 독립체인 '프랙털 거버넌스'다. 전체와 부분이 크기만 다를 뿐 특징이 같아지는 프랙털처럼 하부 조직들의 거버넌스가 최종적으로 구성원과 국가, 나아가 글로벌 거버넌스와 대등한 가치를 갖게 될 것이다. 이 경우 정부가 여전히 국가 운영의 상위 주체지만 세부 운영은 각각의 프랙털이 맡게 된다. 이때 프랙털과 정부는 주종 관계가 아니라 대등한 관계다. 각각의 프랙털들은 고도로 자율화될 것이며, 분야별 전문가들이 프랙털을 운영하게 된다. 프랙털에 가입한 국가들은 대표를 파견하겠지만 어떤 국가도 이 조직을 통제할 수 없는 독립 조직이다.

Q3. 프랙털 거버넌스가 적용될 영역은 무엇인가.

예를 들어 프라이버시 프랙털은 사생활의 법적 정의와 한계를

정하고 사생활 침해 감시기구를 만들기 위한 가이드라인을 제시할 것이다. 암호화폐도 마찬가지다. '비트코인', '도기코인'과 같은 암호화폐별로 프랙털이 생길 수 있다. 글로벌 회계감사 기준, 비즈니스 윤리는 물론이고 타임존, 나노테크, 해양오염, 마리화나 정책, 특허권, 지적재산권 등 국제적 공조가 필요한 모든 분야가 대상이 된다. 작게 쪼개진 조직들은 다양성을 보존할 수 있고, 나아가 새로운 산업의 잉태를 촉진할 수 있다. 가장 큰 장점은 프랙털끼리의 경쟁이다. 시민들은 로비스트를 배후로 둔 정치인이 아니라 전문가들이 운영하는 프랙털 시스템을 더 신뢰할 것이다.

헤테크라시
– 권력 공유의 시작

민주주의 4.0의 도래

시나리오 #3. 2025년 중국 인터넷기업 알리바바의 마윈 회장은 미국 캘리 포니아주 팔로알토에서 전 세계 언론을 상대로 파격적인 기자회견을 열었다. 회견장에는 구글과 페이스북 창립자인 래리 페이지와 마크 저커버그, 소프트 뱅크의 손정의 회장을 비롯해 중국의 대표기업인 100여 명이 함께 등장했다. 알리바바를 구글에 이은 세계 2위 기업으로 성장시킨 마윈 회장은 중국이 이 제 완전한 민주주의 체제로 전환해야 한다고 주장했다. 다당제 전면적 허용, 직접선거에 의한 의회 구성 등을 요구했다. 중국 네티즌들은 환호했고, 언론 들은 중국이 결국 서구 민주주의 제도를 도입할 것이라고 보도하기 시작했다.

미래의 정치는 더 이상 정치인과 관료들의 전유물이 아니다. 사적 이익만을 추구하던 과거의 기업인들과 달리 디지털 시대를 개척한 기업인들은 공적 이익을 확대하고 지속 가능한 세계를 만드는 데 본격적으로 참여하고 있다. 거대한 중국 시장을 외국 기업에 뺏길 수 없는 중국 정부는 IT기업들을 적극 육성하면서도 정치적 리스크를 초래할 위험성을 원천적으로 배제하고 있다. 하지만 10년이 흐른 뒤 가상 시나리오와 같은 일이 벌어지지 않으리란 보장은 없다.

김상배 서울대 교수는 "이제 중국의 미래는 시진핑 주석이 아니라 마윈 알리바바 회장에게 물어야 한다. 기업이 정치세력을 형성하는 것은 한참 뒤의 일이겠지만 신흥 권력의 미래는 기업에 있다"고 진단했다. 그는 더 나아가 정부, 기업, 시민사회가 형성하는 '삼각구도'가 새로운 정치권력의 핵심으로 등장할 것을 예상했다.

임혁백 고려대 정치외교학과 교수는 시민들이 주도하는 새로운 민주주의 4.0 시대가 성큼 다가왔다고 진단했다. 그는 "99%의 대중이 네트워크로 연결되면서 집단지성을 이루는 프로슈머 Prosumer의 시대가 열릴 것이다. 웹 2.0 시대이자 민주주의 4.0"이라고 말했다. 민주주의 1.0은 아테네 민주주의를 의미한다. 민주주의 2.0은 르네상스 시대의 도시 공화국, 민주주의 3.0은 근대 대의제 민주주의를 가리킨다. 그 다음 단계인 민주주의 4.0은 소셜

미디어에 의한 디지털 민주주의 혁명이다.

임 교수는 "빅데이터 시대가 되면 개인들의 힘이 강화되고 결국 국가, 의회, 정당, 기업, 비정부기구NGOs 사이의 '권력 공유Power Sharing' 현상이 발생하게 된다. 공급자 중심의 정치에서 수요자 중심의 정치로 중심이 옮겨가면 결국 유권자가 지배자가 될 것"이라고 강조했다. 그는 이 같은 권력 공유를 '헤테크라시Hetecracy, 헤테라키 민주주의'라고 명명했다. 수직적 위계질서인 '하이어라키Hierarchy'가 아니라 수평적이고 다중적인 '헤테라키Heterarchy'가 새로운 정치 질서로 등장할 것이란 전망이다.

조화순 연세대 정치외교학과 교수는 "정보화 사회는 오히려 부富의 독점을 훨씬 가속화할 수 있기 때문에 정치의 기능이 더욱 중요하다. 창조적 지식을 공유하면서 해결책을 모색하는 집단지성의 역할이 더 강화돼야 한다"고 말했다. 조 교수는 "우리나라는 각론을 무시하고 거대 담론만 추구하는 일종의 '총론 사회'다. 각론이 제대로 이뤄지려면 하부 단위의 시민들이 더욱 정치화돼야 한다"고 강조했다. '사이버 행동주의Cyber Activism' 차원을 넘어 전문가 그룹이 더욱 적극적으로 정책 결정에 참여하고, 이를 위한 제도적 메커니즘을 만들어 내야 한다는 얘기다.

도시학의 대가인 리처드 플로리다 토론토대 교수는 '도시'가 새로운 정치권력으로 부상한다는 흥미로운 아이디어를 제시했다. 플로리다 교수는 "대의 민주주의는 우리가 발명한 정치 시스템

중 가장 효율적인 시스템이었다. 그러나 국민들은 더 큰 민주주의를 원하며 새로운 기술은 더 큰 민주주의의 실현 가능성을 품고 있다. 특히 도시는 스스로 축적한 자본을 어떻게 투자하고 당면한 도전 과제를 어떻게 해결할지 더 많은 권한을 부여받게 될 것"이라고 예측했다.

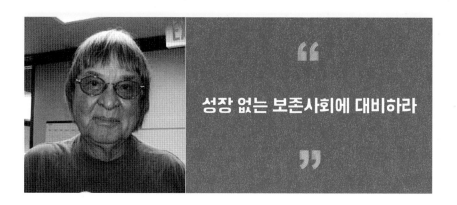

"

성장 없는 보존사회에 대비하라

"

짐 데이토Jim Dator 교수는 현재 하와이대에서 미래학연구소를 운영하고 있다. 앨빈 토플러와 함께 미래학의 선구자로 꼽히는 학자다. 미래연구원을 설립하려는 우리나라 국회에 컨설팅을 해 주기도 했다. 그는 한국 정치의 미래를 묻는 질문에 오히려 '과거'에서 해답을 찾아보라고 권유했다.

Q1. 현재 정치 체제의 미래를 예상한다면.

어느 누구도 미래가 '이렇게 될 것이다'라고 단정할 수 없다. 우리는 다양한 가정을 통해 '미래가 이렇게 될 수 있지 않을까'라고 추측할 수 있을 뿐이다. 현재의 정부 형태는 300년 전부터 이어서 온 사고와 기술에 기반하고 있다. 후기 농업 사회에 알맞은 영태다. 급속한 산업화를 거치며 새롭게 거듭나고자 했지만 변화에 실패했다. 오늘날 정보화 사회에서는 무용지물이다. 미래 세대는 현재 세대가 경험하지 못한 정치, 환경, 에너지, 기술의 변화와 마주할 것이다. 각국 정부는 이런 문제를 외면하면서 '정상 영업 중 Business as Usual'이라는 푯말을 걸어 두고 있다. 결국 불신은 커지고 정부에 등을 돌릴 수도 있다. 시민들이 나서 새로운 형태의 정부를 수립하고자 할 수도 있다. 기존 사회·정치적 시스템은 앞으로의 수십 년이 짓누를 무게를 못 견디고 무너질 수 있다.

Q2. 어떻게 대처해야 할까.

'보존사회Conserver Society'가 도래할 것으로 예상한다. 환경오염이나 자원 고갈이 심각해지면 미래 세대에게 물려줄 것이 없게 된다. 현재 있는 자원을 잘 보존해서 미래 세대들도 나눠 쓸 수 있도록 만드는 것이 사회 전체의 목표가 된다. 더 이상의 성장이 없는 사회를 상상해 보자. 과거에 한국이 그랬듯이 다시 검약, 절약, 공유, 협력, 소박함 등 전통적 가치로 회귀해야 한다. 이런 사회에서 통치자의 덕목은 자기희생과 근면성실이 된다. 공공복지를 위해 진실하게 일하는 이들이 미래 사회의 정치인이다. 보존사회의 지도자는 한 가정의 아버지와 같은 역할을 하게 될 것이다. 정치인들은 시민들이 믿고 따를 수 있는 존재가 되어야 한다. 그러기 위해서는 사회를 위해 자신을 희생하고 자신에게 도덕적으로 엄격한 조선 시대 '선비' 같은 태도가 요구된다. 그렇게 되면 시민들 역시 새로운 사회의 엄격한 규칙을 기꺼이 따를 것이다.

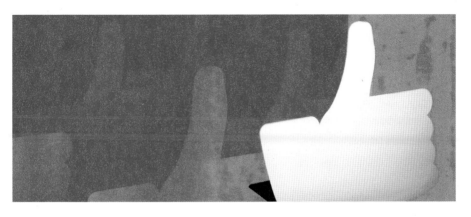

CHAPTER 02

요동치는
세계 정치 지형

스타트업 정당의 출현

경제 위기가 부른 지각 변동

한국과 스페인은 정치 수준이나 경제 규모, 인구 등 여러 기준에서 놀랍도록 유사점을 보인다. 국내총생산GDP은 한국 11위, 스페인 14위이며 1인당 GDP는 한국 28위, 스페인 30위로 엇비슷하다. 인구 규모도 한국 28위, 스페인 29다. 독재 정권을 경험했고 민주주의 회복 이후 양당 구도가 오랫동안 지속됐다는 점도 비슷하다. 영국 이코노미스트 인텔리전스 유닛EIU이 발표한 민주주의 지수Democracy Index 2014에서 한국은 21위를 기록했다. 바로 아래 22위가 스페인이다. 참고로 1위는 노르웨이, 꼴찌인 167위가 북한이다.

에스파냐 제국의 영광을 간직한 스페인은 2008년 글로벌 금융

위기를 계기로 역사상 최악의 위기를 맞았다. 포르투갈, 이탈리아, 그리스와 함께 피그스PIGS로 불리며 유럽연합EU 경제의 뇌관으로 전락했다. 최근 경제성장률이 플러스로 반전했지만 수년째 이어진 긴축 정책으로 국가 전반에 피로가 누적됐다. 특히 2013년 1분기 27%까지 치솟았던 실업률은 여전히 21%대에 머물며 체감경기 회복을 가로막고 있다.

이 같은 경제적 위기는 결국 정치 지형의 근본적 변동을 불러왔다. 2015년 12월 총선거에서 유권자들은 프랑코 총통 사망 후 33년간 이어진 양당 구도를 허물어 버렸다. 중도우파 정당 국민당은 350석 가운데 123석에 그쳤고 제1 야당인 중도좌파 사회당은 90석으로 줄었다. 대신 '스타트업Start-up' 정당인 포데모스Podemos, 우리는 할 수 있다와 시우다다노스Ciudadanos, 시민들가 각각 69석과 40석을 얻어 4당 구도를 형성했다.

포데모스는 정치학 교수인 파블로 이글레시아스가 '인디그나도스분노한 사람들'란 사회 운동의 여세를 몰아 만든 좌파 정당이다. 《21세기 자본》으로 유명한 프랑스의 진보 경제학자 토마 피케티가 경제 자문위원으로 참여하기로 해 화제가 되기도 했다.

이글레시아스의 핵심 정책보좌관인 아드리아 카발레는 인터뷰에서 "포데모스는 21세기를 대변하는 독특한 결사체다. 엄밀한 의미에서 정당이 아니라 대중 정치운동을 추구한다. 우리는 철저히 시민들이 모아 준 돈으로 운영되며 당원이 아니라도 누구나

유럽의 스타트업 정당 현황

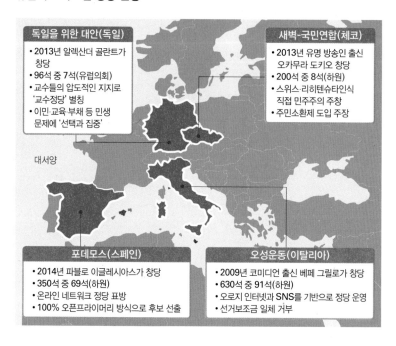

독일을 위한 대안(독일)
- 2013년 알렉산더 골란트가 창당
- 96석 중 7석(유럽의회)
- 교수들의 압도적인 지지로 '교수정당' 별칭
- 이민·교육·부채 등 민생 문제에 '선택과 집중'

새벽-국민연합(체코)
- 2013년 유명 방송인 출신 오카무라 도키오 창당
- 200석 중 8석(하원)
- 스위스·리히텐슈타인식 직접 민주주의 주창
- 주민소환제 도입 주장

대서양

포데모스(스페인)
- 2014년 파블로 이글레시아스가 창당
- 350석 중 69석(하원)
- 온라인 네트워크 정당 표방
- 100% 오픈프라이머리 방식으로 후보 선출

오성운동(이탈리아)
- 2009년 코미디언 출신 베페 그릴로가 창당
- 630석 중 91석(하원)
- 오로지 인터넷과 SNS를 기반으로 정당 운영
- 선거보조금 일체 거부

의사결정에 참여할 수 있다. 유럽 진보정당의 '나르시시즘'에서 탈피해 오직 국가를 변화시키는 국민의 도구가 될 것"이라고 말했다. 기성 정당은 '특권층'으로, 진보 정당은 자기애에 빠진 '나르시시스트'로 규정하면서 정치 지형의 틈새를 영리하게 파고든 것이다.

스타트업 정당 포데모스의 약진 배경에는 대중의 힘을 응집한 '온라인 네트워크'가 자리하고 있다. 포데모스의 페이스북 친구는

2016년 1월 기준으로 104만여 명, 트위터 팔로어는 90만여 명에 달한다. 국민당과 사회당의 팔로어는 각각 44만여 명, 34만여 명으로 포데모스의 절반에도 못 미친다. 포데모스는 '네트워크 정당'을 표방하고 있다. 유럽의회 선거에 나선 후보나 당 집행부를 뽑을 때도 '아고라 투표Agora Voting'라는 온라인 플랫폼을 이용해 시민들의 참여를 유도했다. 그리스 민주주의의 상징 아고라가 21세기 스페인에서 인터넷으로 재현된 셈이다.

물론 공직 후보자 선출도 일반 시민들이 참여하는 100% 오픈 프라이머리 방식으로 이뤄진다. 아울러 '레딧Reddit'이란 온라인 플랫폼을 이용해 '플라자 포데모스Plaza Podemos'라는 토론장도 만들었다. 여기서 당원들은 소속 의원들에게 현안에 대해 직접 묻고 자신들이 원하는 정책 입안을 요구할 수도 있다. 온라인 플랫폼을 활용해 쌍방향 정치 소통을 구현해 낸 것이다.

포데모스의 기초 조직 단위는 '서클Circulos'이라고 불리는 오프라인 지역 모임이다. 리더도 회비도 없는 대중 모임의 형태로 여기서 제출된 다양한 의견들은 온라인 투표를 거쳐 포데모스의 정책에 반영된다. 포데모스의 5대 목표인 공교육 개선, 부패 근절, 주거권 보장, 공공의료 개선, 가계부채 조정 등도 이런 과정을 거쳐 채택됐다.

이념적으론 좌파 정당으로 분류되지만 포데모스는 사회당을 부패 기득권 정당으로 비판하며 차별화를 시도했고 연립정부 구성도 거부했다. 계급 이슈보다는 부패 청산에 무게를 두며 정당 운영비용도 시민 모금으로 충당하고 있다. 2014년 3월 이후 1만 명이 넘는 기부자에게 15만 유로(약 2억 원) 넘는 돈을 모금한 것으로 알려졌다.

스페인 제4당이 된 시우다다노스는 포데모스의 '우파 버전'이다. 2006년 카탈루냐에서 당시 28세였던 알베르트 리베라가 창당한 정당이다. 포데모스처럼 기성 정치권을 부패 세력으로 공격하면서 지지 기반을 확대해 왔다. 친기업 성향에다 법인세, 소득세 인하를 주장하는 우파 정당이지만 부패 타파를 전면에 내세워 국민당 지지층을 흡수했고, 포데모스 열풍을 잘 이용했다.

스페인과 마찬가지로 경제 위기에 빠졌던 이탈리아의 '오성운동Movimento 5 Stelle'도 유럽 정치의 스타트업 사례다. 오성운동은 2009년 코미디언 출신인 베페 그릴로가 창당했다. 2013년 총선에서 돌풍을 일으키며 창당 4년 만에 하원 109석을 확보해 제2 야당이 됐다.

오성五星은 공공수도, 지속 가능한 교통수단, 지속 가능한 개발, 인터넷 접속 권리, 생태주의 등 다섯 가지 핵심 정책을 의미한다. 이들은 오로지 인터넷과 소셜네트워크서비스SNS를 기반으로 정당을 운영한다. 부패한 정치에 대한 신랄한 비판으로 방송계에서 퇴출된 베페 그릴로는 2000년부터 자신의 이름을 딴 블로그를 개설했고, 이는 스타트업 정당의 모태가 됐다. 이어 오프라인으로 저변을 넓혀 현재 1,400여 개 지역별 소조직에서 17만 명 가까운 회원이 활동 중이다. 특히 당원 평균 연령이 37세로 이탈리아에서 가장 젊은 정당이기도 하다.

오성운동의 새로운 정치 실험 중 하나는 정치 신인을 우대하면서 '3선 금지'를 선언한 것이다. 포데모스처럼 국가가 제공하는 보조금을 거부하고, 일반 국민 모금을 통해 운영비를 충당한다. 크라우드 펀딩을 이용해 자금을 모으고 초과액은 자선단체에 기부하고 있다. 이탈리아와 유럽 의회에 진출한 소속 의원들은 자발적으로 봉급의 일부를 떼어 창업 지원 펀드에 기부한다.

모든 활동을 온라인 기반으로 하는 네트워크 정당을 표방한다는 점도 포데모스와 같지만 차별화된 포인트도 있다. 오성운동은 이념보다는 '이슈'를 전면에 내세운다. 거시적 담론보다는 미시적 생활 정책에 초점을 맞춰 유권자들의 지지를 이끌어 냈다.

베페 그릴로 대표는 이메일 인터뷰에서 "오성운동의 본질은 직접 민주주의다. 국가를 어떻게 이끌어야 하는지에 대한 결정권은 정치인이 아니라 주주Stakeholder인 깨어 있는 시민에게 있다"고 강조했다. 그는 "기성 정치인은 좌파나 우파나 모두 기생충"이라고 외치며 직접 정치에 뛰어든 이단아다. 그릴로 대표는 "우리는 비전을 구심점으로 모일 뿐 지도자가 없는 국민의 조직이다. 좌우 이데올로기를 거부하고 오직 국민을 위한 아이디어에 집중한다. 몇 년 전만 해도 직접 민주주의는 불가능한 것처럼 보였다. 이제는 인터넷의 도움으로 시민들이 후보 선출에서부터 입법 과정까지 모든 의사결정에 동등한 자격으로 참여할 수 있게 됐다"고 설명했다.

직접 민주주의 실험

시민이 정치의 주체다

모바일 디바이스가 대중화되고 인터넷 환경이 빠르게 개선되면서 정치도 변하고 있다. 세계 정치는 시민들이 휴대전화를 쥔손으로 자신의 의견을 표명하는 '직접 민주주의'를 향해 빠른 속도로 나아가고 있다. 정부가 먼저 나서 정책이나 예산 수립 시 국민들의 참여를 유도하는 경우와 민간 주도로 직접 민주주의를 위한 플랫폼을 보급하는 사례가 동시에 증가하고 있다.

아이슬란드는 헌법 개정을 위해 지난 2010년 오픈 크라우드Open Crowd 방식을 채택했다. 랜덤으로 선출된 일반 시민들로 구성된 헌법 심의회가 개정안을 심의했다. 심의 내용 역시 인터넷 사이트를 통해 국민들에게 전달됐고 SNS를 통해 의견 수렴도 이뤄졌다. 이 같은 과정을 거쳐 2012년 개헌안이 국민투표에 부쳐졌고 투표율 48.9%, 찬성 66.3%, 반대 33.7% 등으로 가결됐다. 그러나 개헌안은 최종 문턱인 의회를 통과하지 못한 채 계류 중이다. 뉴욕타임스는 당시 오픈 크라우드를 이용한 아이슬란드의 개헌 실험을 가리켜 "아이슬란드가 최초로 집단지성을 통해 개헌을 시도한 것"이라고 평가했다.

스페인의 수도 마드리드는 파블로 소토 의원의 주도로 2015년 9월 '마드리드 디사이드(decide.madrid.es)'라는 시민참여 웹사이트를 선보였다. 마드리드 시민 누구나 간단한 가입 절차를 거치고 나면 정책 제안을 할 수 있다. 마드리드시 규정에 따라 유권자 2%(5만 3,726명)의 동의를 얻은 제안은 주민투표에 부쳐지고, 과반의 동의를 얻으면 실제 입법으로 이어진다. 마드리드 디사이드의 장점은 '원스톱 포털'이라는 점이다. '토론 → 제안 → 투표 → 결정'의 모든 과정을 한 번에 해결하도록 구성됐다.

2011년 지진 참사를 겪은 뉴질랜드의 크라이스트처치는 '마그네틱 사우스Magnetic South'라는 애플리케이션을 통해 시민이 참여하는 도시 재건 사업을 추진했다. 크라이스트처치를 어떻게 복구할지 9,000개가 넘는 아이디어가 모였다.

발트해의 인구 130만 소국인 에스토니아는 세계 최초로 인터넷 전자투표를 시행한 나라다. 전국 단위의 모든 선거에 온라인 투표를 도입한 유일한 국가이기도 하다. 에스토니아 국민들은 전자칩이 내장된 ID카드를 컴퓨터 판독기에 넣어 신분을 증명한 뒤 집에서 투표할 수 있다.

2014년 유럽의회 의원선거에선 전체 투표자의 31.3%(10만 3,151명)가 휴대전화와 PC를 이용해 온라인 투표를 했다. 에스토니아 정부는 전자투표 소스코드를 전 세계에 무료로 공개하기도 했다. 에스토니아는 크라우드소싱 방식으로 법률 개정도 하고 있다. 웹사이트 라바코그를 열어 14주 동안 3,000여 명의 의견을 받은 뒤 최종적으로 15개의 정치제도 개혁안을 만들었다. 이 가운데 7개가 실제 법안으로 공포됐다.

콜롬비아 보고타의 안타나스 모커스 전 시장은 시민 참여로 세계 최고의 우범 도시였던 보고타를 변화시켰다. 철학자이기도 한 그는 디지털 기술 대신에 '마음'을 움직여 도시를 개혁해 나갔다. 그는 먼저 '시민 카드Citizens' Cards'를 제작했다. 시민들에게 난폭한 운전자들을 보면 아래쪽을 가리키는 엄지손가락 그림이 인쇄된 카드를 꺼내고, 매너 좋은 운전자들에게는 위쪽을 가리키는 카드를 꺼내 보이도록 했다. 유쾌한 방법으로 경고를 주게 한 것이다.

또한 교통경찰 대신 어릿광대 복장을 한 사람들을 도로에 내보냈다. 그들은 무단 횡단을 하는 보행자나 신호를 무시하는 운전자를 보면 아픈 표정을 짓는 판토마임을 했다. 우스꽝스러워 보이는 캠페인이지만 효과는 교통사고 감소로 증명됐다. 모커스 시장은 시민들에게 총을 자진 반납하도록 한 뒤 그것을 녹여 숟가

교통경찰을 대신한 콜롬비아의 어릿광대.

'시민들의 카드'. 매너 있는 운전자에게는 좌측
카드를, 난폭한 운전자에겐 우측 카드를 보여 주
도록 했다.

락을 만들었다. 또 공공서비스를 늘릴 테니 재산세를 10% 더 내
라고 호소했다. 놀랍게도 6만 가구가 자발적으로 세금을 더 냈다.
시민의 참여가 반드시 디지털 기술로만 가능한 것이 아니라는 방
증이다.

더 나은 민주주의를 위한 플랫폼

민간의 벤처기업들은 직접 민주주의를 촉진하는 기술과 플랫
폼을 개발해 보급하고 있다. 세계적인 추세에 오히려 IT 강국인
우리나라는 뒤처져 있다. 아르헨티나의 '데모크라시 OS', 뉴질랜
드의 '루미오', 미국의 '브리게이드 미디어', 그리고 핀란드의 '오
픈 미니스트리'까지 세계의 IT 전문가들은 이제 정치 혁신에 뛰어

HOW IT WORKS

Propose

I zero to democracy in a click. Build proposals and be the change you want to see.

Debate

Debate in a platform that rewards the best arguments and filters that noise that usually ends up calling the trolls.

Vote

With a clear deadline, get everyone on board to reach a voted decision and avoid endless debates.

데모크라시 OS에서는 의견 제안→토론→투표 3단계를 통해 시민들이 정치에 참여하게 된다.

들고 있다.

아르헨티나의 만치니와 산티아고 시리는 '데모크라시Democracy OS'라는 새로운 소프트웨어를 오픈소스로 만들었다. 무료 소프트웨어를 통해 시민들이 보다 쉽게 정보를 수집하고, 나아가 표결에 참여할 수 있는 민주주의 플랫폼을 고안해 낸 것이다. 시민들은 스스로 논의할 주제를 제시하고, 토론하고, 결정까지 할 수 있다. 또 의회에 제출돼 있는 법안을 쉽게 알 수 있도록 설명을 붙였고, 시민들이 법안에 직접 댓글을 달 수 있도록 했다.

현재 부에노스아이레스에서 400개가 넘는 법안이 데모크라시 OS를 통해 토론과 표결을 거쳤다. 남미에서 등장한 디지털 민주주의 성공 사례. 이 OS는 15개의 언어로 번역돼 제공되고 있다. 덕분에 튀니지와 멕시코에서도 활용됐고, 2015년 파리 UN기후변화협약 당사국 총회에서 논의된 내용에 대해 전 세계 네티슨

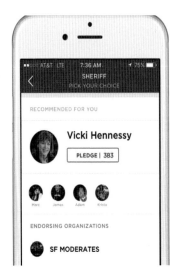

자신의 견해와 가장 가까운 후보를 보여 주는
루미오의 서비스.

들이 데모크라시 OS를 통해 논쟁하기도 했다.

'루미오Loomio'는 뉴질랜드의 벤 나이트 외 20명의 개발자들이 모여 만들었다. 루미오는 크라우드 펀딩을 통해 1,600여 명으로부터 12만 5,000달러(약 1억 3,000만 원)를 기부받았다. '조명'이라는 단어에서 이름을 따온 이 플랫폼의 개발자인 벤 나이트는 "점점 우리의 지식은 늘고 기술도 발전하고 있는데 왜 우리의 정치는 과제를 해결하지 못하는지 의문이 들었다"고 루미오를 만든 이유를 설명했다. 루미오는 각각의 주제에 대해 참여자들이 찬성, 반대, 기권, 차단 중 하나의 입장을 선택한 뒤 이유를 쓰도록 구성됐다. 설득력 있는 논거를 제시한 글은 다른 사람의 추천을 받아 상위에 노출되고 자연스럽게 토론이 이뤄진다. 스페인의 신생 정당 포데모스 역시 루미오를 활용하고 있다.

미국의 션 파커가 만든 '브리게이드 미디어'가 다른 플랫폼과 구분되는 특징은 비슷한 의견을 가진 사람을 연결해 준다는 점이다. 논쟁 주제에 찬반 표시를 하면서 자신과 의견을 같이하는 새로운 온라인 그룹을 결성할 수 있다. 의견을 공유하는 소그룹이

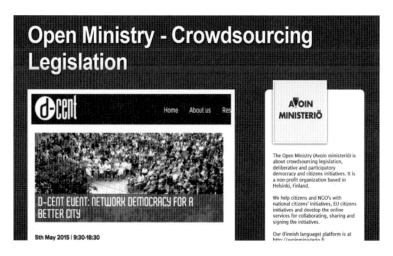

오픈 미니스트리 사이트에 '크라우드소싱 입법'이라는 소개말이 쓰여 있다. 이 사이트에서는 시민이 직접 법안을 제안할 뿐만 아니라 지지 서명도 모을 수 있다.

형성되면 소모적인 논쟁을 피할 수 있다는 장점이 있다.

브리게이드는 20개의 간단한 질문에 찬반 표시를 하면 자신의 견해와 가장 가까운 후보를 보여 주는 서비스도 제공한다. 현재 브리게이드 이용자의 절반 이상이 청년층이다. 정치적으로 제 목소리를 내지 못했던 청년층의 요구를 표출하고 투표율을 높이는 데 상당한 역할을 하고 있다.

핀란드의 요나스 페카넨이 만든 '오픈 미니스트리Open Ministry'는 한마디로 크라우드소싱 입법Crowdsourcing Legislation을 가능케 하는 플랫폼이다. 핀란드에선 시민이 작성한 법안이 6개월 내에 5만 명의 지지를 받으면 국회에 자동 회부된다. 이 앱은 시민들이 보다 간

편하게 직접 법을 제안하고 지지 서명을 모을 수 있게 해 줬다. 오픈 미니스트리는 댓글을 통한 법안 수정 등의 서비스를 제공한다. 이 플랫폼 덕분에 기성 정치인들이 찾아내지 못하는 '숨은 의제'를 발굴하는 시민발의 제도가 핀란드에 성공적으로 정착될 수 있었다는 평가가 나온다.

글로벌 정치세력의 등장

시민 행동주의의 진화

'목소리'라는 뜻을 지닌 아바즈Avaaz는 2007년에 설립된 글로벌 시민단체다. 영국 언론 〈가디언〉은 아바즈의 폭발적 성장을 로켓 발사에 비유했다. 아바즈의 설립 당시 목표는 5년 안에 500만 명의 회원을 확보하는 것이었다. 아바즈는 불과 18개월 만에 500만 명을 돌파했고 2016년 1월 초 전 세계 194개국에 4,240만 명의 회원을 보유하게 됐다. 출범 당시 9명이넌 상근 식원도 100명을 넘어섰다. 아바즈의 본사는 뉴욕이지만 직원들은 전 세계에 뿔뿔이 흩어져 있다. 아바즈의 활동 영역은 그야말로 전방위다. 2014년 230만 명의 청원을 받아 탄자니아 정부에 마사이족의 터전을 보진해 줄 것을 요구했나. 광고 캠페인과 CNN, 알자지라 방송을 이용했고 탄자니아 총리실 앞에서 야영까지 했다.

국제적 호텔 체인인 힐튼에 30만 명이 서명한 청원서를 전달해 전 세계 18만 명의 직원에게 호텔 내 성매매 방지 교육을 실시하도록 압박했다. 2012년엔 팔레스타인의 국가 지위를 요청하는 180만 명의 청원을 받아 유엔에 전달했고, 결국 유엔의 결정에 큰 역할을 했다. 이 밖에도 유럽연합이 꿀벌을 폐사시키는 살충제를 금지하도록 압박하고, 파리기후변화협약 당사자 회의에 앞서 뉴욕 맨해튼 거리 행진을 실시했다.

아바즈는 캠페인을 시작하면 모든 물적 역량을 쏟아붓는다. 1년 예산은 1,200만 달러(약 145억 원)로 모두 자발적 모금을 통해 조달한다. 아바즈 회원들은 세계 시민을 하나로 묶는 기술이 세상을 구할 것이라고 믿는다. 샘 바랏 아바즈 홍보실장은 "사진 하나를 바꾸는 것만으로도 클릭 수를 대폭 늘릴 수 있다. 우리의 캠페인에는 고도의 데이터가 집약돼 있다"고 말했다. 물론 아바즈의 성공으로 기존 시민단체의 모금액이 줄었고, 이들의 행동을 '슬랙티비즘Slacktivism, 소심한 행동주의'이라고 폄하하는 목소리도 있다.

해적당Pirate Party은 국제 정당의 출현 가능성을 확인시켜 준 사례다. 2006년 스웨덴의 IT사업가인 리카르드 팔크빙에가 처음 만들었고 현재 독일, 영국, 프랑스 , 핀란드, 네덜란드 등 유럽 지역은 물론 뉴질랜드, 캐나다 등에 같은 이름의 정당이 창설됐다. 이들은 '프라이버시 존중', '특허 시스템 철폐', '저작권 개혁' 등을 주장한다. 해적당은 뉴미디어 세대들의 정보 공유 욕구와 저작권법 강화에 대한 반발에 힘입어 빠르게 성장해 2009년 유럽의회에 처음 진출했다.

해적당의 국제적인 활동을 돕는 조직인 '해적당 인터내셔널'도 만들어졌다. 애초 느슨한 결합 형태로 존재하다 2010년 4월 벨기에 브뤼셀에서 공식 창립됐다. 현재 22개 회원 정당이 소속돼 있고 국가 간 정보 공유와 함께 정책 개발을 돕는 싱크탱크 역할도 한다. 해적당 지지층은 주로 30대 이하의 인터넷 세대가 중심이다. 해적당은 궁극적으로는 좌파, 우파의 이념 투쟁이 없는 정치를 만들겠다고 선언했다.

물론 '코스모크라시'의 선두에 선 시민단체에도 명암은 존재한다. 위키리크스는 정부와 기업의 비윤리적 행위를 고발할 목적으로 줄리언 어산지가 2006년 만든 웹사이트다. 이라크 전쟁과 관련된 외교 문서 수십만 건을 공개해 전 세계에 충격을 줬다. 그러나 2010년 뱅크오브아메리카, 비자, 페이팔 등이 기부결제 서비스를 차단하면서 재정난에 시달렸다. 불법적 정보 공개를 허용할 수 없다는 미국 정부의 의지가 위키리크스의 내리막길을 재촉했다. 호주 출신인 어산지는 2013년 고국에서 '위키리크스당Wikileaks Party'을 창당했다. 2013년 9월 상원의원 선거 때 3명의 후보를 출마시켰으나 모두 낙선했고 당원 500명조차 유지하지 못해 정당 등록 자체가 취소되고 있다.

극단주의의 급부상

미국의 트럼피즘 주의보

전 세계의 정치 지형은 글로벌 경기 침체의 여진이 이어지면서 지각 변동을 일으키고 있다. 저성장과 이민자 급증, 테러 등으로 사회적 불안감이 확산되면서 극단주의Extremism가 부상하고 있는 것이다. 극단주의는 임계점에 다다른 국민들의 분노를 식히는 '통풍구' 역할을 하며 입지를 넓혀 가고 있다. 이브 레테름 전 벨기에 총리는 인터뷰에서 "극단주의 발호, 테러리즘의 확산이 민주주의를 위기로 내몰고 있다"고 우려를 표시했다.

프랑스에서는 극우정당 국민전선FN이 2015년 12월 지방선거 1차 투표에서 1위를 차지하며 기염을 토했다. 이튿날 프랑스 신문의 1면 제목은 '충격Le choc'으로 도배됐다. 2차 투표에서 패배했으나 국민전선의 급부상은 2017년 프랑스 대선의 최대 변수가 됐다. 네덜란드 자유당, 영국 독립당UKIP과 같은 극우정당은 이슬람 혐오를 발판 삼아 부상했다. 반대로 경제 위기가 진행형인 이탈리아, 스페인, 그리스 등 남유럽 국가에선 좌파 정당이 득세하고 있다.

세계 최강대국인 미국마저 예외가 아니다. 2016년 대선의 공화당 유력 후보로 부상한 부동산 재벌 도널드 트럼프는 저급한 막말 정치를 뜻하는 '트럼피즘Trumpism'이라는 신조어까지 만들어 냈다. 비이성적인 트럼프 열풍은 그가 일부 유권자들의 소외감을 교묘하게 파고든 데서 첫 번째 원인을 찾을 수 있다. 계층 이동성이 저하되고 사회적 불평등이 방치되면서 백인 중산층의 소외감이 어느 때보다 커진 상황이다. 유럽 의원내각제 국가에서 신생 정당이 약진하는 것도 주류 정당에 염증을 느낀 소외 계층을 공략한 덕분이었다. 극단주의를 표방할수록 표심을 더 흔들 수 있었다.

하지만 거대 양당이 정권을 주고받는 대통령제 국가 미국에는 대안이 없었다. 트럼프는 이러한 정치적 균열을 파고들어 돌풍을 일으켰다. 제도 정치권 밖의 인물로 각인된 트럼프가 주류 정치에 불만을 품은 사람들을 진공청소기처럼 빨아들였다는 얘기다. 트럼프 열풍의 두 번째 요인은 경기 침체다. 제프 만자와 클램 브룩스 교수의 연구에 따르면 경기 침체기 심해질 경우 자신을 공화당 또는 민주당 지지자라고 규정하는 비율이 높아진다. 이념의 분화는 뚜렷해지고 양당 지지층은 두꺼워지는 것이다.

트럼프는 공화당의 극우, 버니 샌더스는 민주당 극좌의 지지를 받는 상황은 글로벌 금융위기 파장에서 아직 벗어나지 못한 미국 경기와 관련이 깊은 것으로 분석된다. 극단주의의 파괴력이 정권 탈환까지 이어지긴 어렵다는 것이 대체적인 시각이다. 그러나 극단주의는 의회 내에서 강력한 비토 권한을 통해 합리적 의사결정을 방해할 염려가 있다.

합의 민주주의를 근간으로 하는 북유럽은 극단주의를 포섭하는 전략을 택했다. 노르웨이 집권연합은 극우성향 진보당Progress Party과 연립정부를 구성했다. 덴마크 중도우파 자유당은 극우 인민당Danish People's Party에 손을 내밀었다. 양국의 전략은 같았지만 결과는 판이했다. 노르웨이는 극우 정당을 내각으로 흡수해 오히려 다음 총선에서 파괴력을 축소시킨 사례다. 반대로 덴마크 인민당은 연립정부 정책을 좌지우지할 정도로 힘이 세졌다.

극단주의가 정치무대의 전면에서 눈길을 사로잡고 있지만 후면에는 정치 효율화를 위한 몸부림도 있다. 이탈리아의 마테오 렌치 총리는 2015년 10월 상원의원 정수를 315명에서 100명으로 줄이고, 상원의 입법권과 정부불신임 권한을 폐지하는 내용의 개혁안을 내놓아 2016년 10월 국민투표에 부쳐진다. 양원제를 채택한 이탈리아는 정부가 법안을 발의해도 상하원이 입법을 서로

2016년 미국 대통령 선거 주요 후보

공화당	민주당

학력: 펜실베이니아대 와튼스쿨
경력:
- TV 프로그램 〈어프렌티스〉 진행
- 트럼프오거니제이션(Trump Organization) 회장
- 부동산 재벌

도널드 트럼프
(70)

학력: 예일대 법과대학원 박사
경력:
- 국무부 장관
- 뉴욕주 민주당 상원의원
- 대통령 영부인

힐러리 클린턴
(69)

학력: 하버드대 로스쿨 J.D.
경력:
- 텍사스주 공화당 상원의원
- 텍사스주 법무부 차관보

테드 크루즈
(46)

학력: 시카고대 정치학 학사
경력:
- 버몬트주 상원의원
- 버몬트주 하원의원
- 버몬트주 벌링턴시 시장

버니 샌더스
(75)

학력: 미시간대 의학 박사
경력:
- 카슨장학재단 설립
- 존스홉킨스병원 아동센터 소아신경외과 과장

벤 카슨
(65)

학력: 마이애미대 로스쿨 박사
경력:
- 미국 상원의회 의원
- 플로리다 주의회 하원의장
- 플로리다 주의회 하원의원

마르코 루비오
(45)

미루며 지연시키는 등 많은 문제가 있었다. 개헌안이 통과되면 이탈리아는 사실상 양원제에서 단원제로 바뀌게 된다.

이 같은 정치 개혁의 배경에는 렌치 총리로부터 의회 설득 각

업을 위임받았던 마리아 엘레나 보스키 개혁장관이 있었다. 35세의 신출내기 장관인 그녀는 315명의 상원의원 설득에 나섰고 결과는 성공이었다. 렌치 총리는 본인이 속한 좌파 성향의 민주당을 중도로 유도하면서 정치적 입지를 단단히 해 가고 있다.

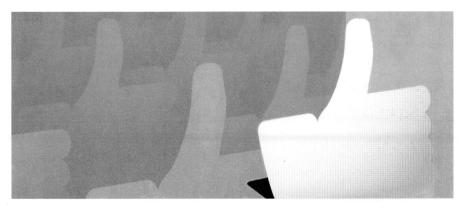

대 한 민 국 미 래 경 제 보 고 서

CHAPTER **03**

3중 위기에 빠진
한국 정치

빅데이터로 본
한국 정치

" '문제'가 있어 '개혁'이 필요하지만 '한심'하게도 '잘못'하고 있다."

부정적 단어로 구성된 이 한 문장에 한국 정치의 슬픈 자화상이 담겨 있다. 지난 4년간 언론 기사에 달린 댓글을 빅데이터를 활용해 분석한 결과다.

빅데이터 분석은 포털사이트와 한국언론진흥재단 기사검색시스템KINDS에 게재된 정치, 경제, 사회 분야 11년 치 기사 1억 7,144만 건과 2012년부터 2015년까지 4년 동안 네이버와 다음에 게시된 정치 관련 기사의 댓글 1억 4,842만 건을 대상으로 진행됐다.

그 결과 댓글에서 '국회'와 가장 많이 연관돼 쓰인 단어는 '민주'였지만 2~5위는 문제, 개혁, 반대, 쓰레기 등의 순서로 나타났다. 한심, 잘못, 부정, 거지란 연관어도 10위 안에 들었다. 국회에 대한 혐오와 불신이 빅데이터 분석을 통해 여실히 드러난 셈이다.

'정치인'에 따라붙는 단어도 문제, 쓰레기, 잘못 등이 나란히 1~3위를 기록했다. 또 '정부'의 연관 단어 역시 부패, 문제, 무능 등이 상위권을 차지해 우리 국민의 정치 혐오가 위험 수위에 도달했다는 것을 방증했다.

세계경제포럼WEF의 2015년 발표에 따르면 정치인에 대한 한국인들의 신뢰도는 140개국 중 94위였다. 정책 투명성 항목에서는 123위를 기록히는 불명예를 안았다. 한국보건시회연구원이 실시한 2015년 사회통합 인식조사에서도 입법부를 '신뢰하지 않는다'는 답변이 응답자 중 76.7%에 달하는 등 조사 대상 13개 기관·단체 가운데 국회 신뢰도가 꼴찌였다. 이내영 고려대 교수는 이에 대해 "정치권이 정책 경쟁은 안 하고 기득권 싸움에만 집착하기 때문이다. 야당은 대안을 제시하지 못하고, 여당은 야당의 무능력을 기회 삼아 아무런 노력을 하지 않는다"고 지적했다. 그는 한국 정치권의 실상을 가리켜 '못하기 경쟁'이라고 꼬집었다.

물론 댓글을 적극적으로 다는 인터넷 이용자의 정치적 성향이 다소 편중될 수 있다는 점은 감안해야 한다. 그럼에도 정치를 바라보는 시각이 '혐오 일색'이라는 점은 매우 위험한 현상으로 보인다.

국회와 정부뿐 아니라 노동조합과 시민단체에 대해서도 호의적인 시선이 줄어들고 있나는 짐이 이빈 조사에서 확인됐나. 노

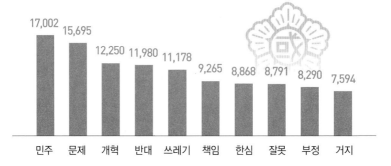

국회에 대한 국민 인식 키워드
(단위: 건)

- 민주: 17,002
- 문제: 15,695
- 개혁: 12,250
- 반대: 11,980
- 쓰레기: 11,178
- 책임: 9,265
- 한심: 8,868
- 잘못: 8,791
- 부정: 8,290
- 거지: 7,594

조의 연관 단어 1~2위는 '귀족'과 '그만', 시민단체의 연관 단어 3~4위는 '진상'과 '반대'로 집계됐다. 한국보건사회연구원 인식조사에서 노조와 시민단체를 신뢰하지 않는다는 답변이 각각 49.7%, 41.5%를 기록한 것과 무관하지 않아 보인다.

이와 함께 〈매일경제〉는 지난 11년간 주요 일간지 기사를 대상으로 '정책'과 관련된 단어(정책 키워드) 빈도를 분석했다. 그 결과 가장 많이 등장한 키워드는 성장, 복지, 일자리, 대기업, 북한, 남북, 미국, 통일 등이었다. 21세기 초 한국 사회 주요 관심사들이 반영된 셈이다.

특히 기사에 등장한 정책 키워드 빈도를 연도별로 분석한 결과 지난 11년 동안 한국 사회의 정책적 관심사가 어떤 방향으로 흘러왔는지 확연히 드러났다. 무엇보다 경제 이슈가 안보 이슈를 대체했다.

18대 대선 두 해 전인 2010년까지만 해도 매년 정책 키워드 상위 1~10위에는 북한, 남북, 미국, 통일 등 외교·안보와 관련된 것이 주류였다. 하지만 2012년 이후에는 복지, 일자리, 노동 등 국내 경제와 관련된 정책 키워드가 상위에 오르기 시작했다. 특히 2011년 이후 2015년까지 '경제'와 '복지'가 정책 키워드 1~2위를 굳건히 지켰다.

경제 분야 키워드 사이의 순위 변화도 흥미롭다. 참여정부 때까지 성장은 일자리보다 국정 이슈에서 상위를 차지했지만, 이명박정부 이후 현재까지는 일자리가 큰 차이로 성장을 웃돌고 있다. 이는 미국 서브프라임모기지 사태와 유럽 재정위기로 세계경제가 어려워지면서 국가 차원의 성장보다는 국민의 일자리 획득 욕구가 사회 전반에 더 큰 파급력을 미친 것으로 해석된다.

2011년부터 정책 키워드 상위권을 차지한 복지와 연동돼 증세·노동이 수직 상승한 점도 눈에 띈다. 복지에 대한 관심이 커지면서 현실적으로 수반돼야 하는 증세에 대한 논의가 점차 국정 주요 이슈로 부상하는 동시에 노동 구조에 대한 변화도 요구된다는 사실을 시사하기 때문이다. 특히 이 같은 추세는 증세 문제를 둘러싼 논란이 본격적으로 점화될 것임을 예고하는 대목으로 볼 수 있다.

외교 분야 단어는 박근혜정부 들어 주요 국정 이슈에서 계속

국정 키워드에 어떤 말 많았나

11년간 국정 키워드 순위 변화

(단위: 점)

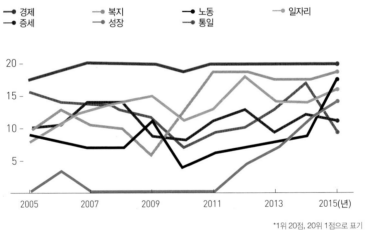

*1위 20점, 20위 1점으로 표기

순위가 떨어지는 양상을 보였다. 한국과 가장 밀접한 외교 관계에 있는 미국조차도 2015년엔 순위가 10위권 밖으로 밀려났다.

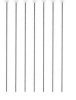

협력의 위기

두 마리 공룡의 비토크라시 정치

소인국 릴리퍼트는 구두 굽 높이에 따라 정파를 달리했다. 게다가 국민들은 달걀을 깨는 방법에 따라 '빅 엔디언Big-endian'과 '리틀 엔디언Little-endian'으로 쪼개졌다. 국왕이 뾰족한 쪽을 먼저 깨라며 법을 공포하자 이에 반대해 처형된 사람이 1만 명을 넘었다. 1726년 조너선 스위프트가 쓴《걸리버 여행기》에 나오는 에피소드다.

소인국에 도착해 눈을 뜬 걸리버는 릴리퍼트인들에 의해 온몸이 밧줄에 묶인 자신을 발견하고 깜짝 놀란다. 소설 속 릴리퍼트와 걸리버가 처한 신세에 한국 사회가 묘하게 오버랩된다. 한국 정치는 승자독식 구조, 이념 대립, 지역주의, 정치 혐오, 이익단

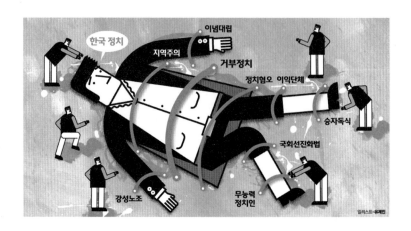

체, 강성노조, 국회선진화법 등 갖가지 밧줄에 꽁꽁 묶여 있다. 그 중에서도 가장 단단한 밧줄은 바로 거대 여야 정당이 주도하는 '비토크라시Vetocracy, 거부권 정치'다.

비토크라시란 '역사의 종언'으로 유명한 프랜시스 후쿠야마 스탠퍼드대 교수가 미국의 양당 정치를 비판하며 만든 신조어다. 상대 정파의 정책과 주장을 모조리 거부하는 극단적인 파당 정치를 의미한다. 후쿠야마 교수는 소속 정당을 떠나 정치권 전체가 공유해 온 최소한의 가치 공감대가 사라지면서 무조건적 반대가 미국 정치를 지배하고 있다고 비판했다.

미국은 지난 2013년 9월 공화당 내 강경파인 '티파티Tea Party'가 주도한 '재정 전쟁Fiscal War'에서 비토크라시의 극단을 보여 줬고 지금도 상황이 개선될 기미가 없다. 버락 오바마 대통령이 주도한 건강보험개혁을 좌초시키기 위해 16일간 정부 폐쇄까지 무릅쓴 것이다. 결국 오바마 대통령은 재임 기간(2015년 말 기준) 총 224회의 행정명령Executive Order을 내리는 고육지책을 써야 했다. 미국 고유의 제도인 행정명령은 일반 입법과 유사하지만 해당 대통령 임기 중에만 유효하며 차기 대통령이 즉각 취소할 수 있다는 한계를 지닌다.

테드 할스테드 뉴아메리카파운데이션 회장은 "이미 화석이 되었어야 할 두 마리의 공룡에 의해 정치 판도가 좌우되고 있다. 양당 카르텔은 유권자들이 하나의 가치를 추구하기 위해 다른 하나를 버려야 하는 상황을 만들었고, 그 결과 유권자들의 정치소외가 더욱 심화됐다"고 지적했다. 미국 양당 체제를 비판하는 말이지만 한국 정치에 대입해도 전혀 어색하지 않다. 한국의 현실은 양당 카르텔이 지배하는 미국 정치의 축소판이기 때문이다.

대한민국 19대 국회는 국회선진화법(국회법 개정안)이 적용된 최초의 국회였다. 과반수 의결이라는 민주주의 전통을 깨고 '5분의 3' 원칙을 세계 최초로 도입했다. 그 결과 '동물국회'라고 불렸던 국회 내 폭력과 날치기 문화는 사라졌지만 역설적으로 단 하나의 법안도 야당의 동의 없이는 통과되지 못하는 '식물국회'로 전락했다. 정부가 희망하는 각종 경제·개혁 법안 처리가 지연된 것은 차치하더라도 총선 선거구 획정조차 못 해 사상 초유의 선거구 무효 사태를 초래한 최악의 국회로 기록됐다. 정부 실패나 시장 실패에 빗대 '국회 실패Assembly Failure'란 용어까지 등장한 이유다.

전문가들은 한국 정치에서 협력과 합의가 사라진 가장 큰 원인은 새누리당과 더불어민주당(옛 새정치민주연합)이라는 양대 정당이 '정치적 카르텔'을 형성하고 있기 때문으로 분석했다. 시장에 비유하자면 과점Oligopoly 구조에 의한 거대 담합 시장인 셈이다. 두 정당은 각각 견고한 지역 기반에 기대 유권자를 양분하고 있다.

강원택 서울대 교수는 "자본주의가 건강할 수 있는 것은 경쟁 메커니즘 때문인데 한국 정치는 2개의 정당이 폐쇄적인 구조를 30년째 이어가고 있다. 정치적으로 2개의 정당이 계속 가격을 올리는 상태인데 임계점을 넘어서면 굉장히 급격한 변화가 발생할 수 있다"고 분석했다. 또한 "모든 사회적 문제에서 2개의 정파 중 하나를 선택하게 만드는 구조다. 예를 들어 박근혜 대통령을 싫어하면 야당, 진보, 좌파, 호남으로 치부해 버린다"고 지적했다. 이념과 지역이 양대 정당의 기득권 구조를 강화하는 기제가 되면서 갈등을 더욱 악화시킨다는 얘기다. 만약 원내 교섭단체 정당이 3~5개라면 더 이상 두 줄로 세우기가 불가능해질 것이다.

양당 제도가 고착화된 것은 기본적으로 소선거구제와도 밀접한 관련이 있다. 비례대표제는 다당제를, 소선거구제는 양당제를 부른다는 것이 현실 정치에서 이미 검증된 이른바 '뒤베르제의

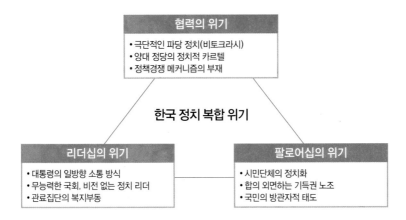

협력의 위기
• 극단적인 파당 정치(비토크라시)
• 양대 정당의 정치적 카르텔
• 정책경쟁 메커니즘의 부재

한국 정치 복합 위기

리더십의 위기
• 대통령의 일방향 소통 방식
• 무능력한 국회, 비전 없는 정치 리더
• 관료집단의 복지부동

팔로어십의 위기
• 시민단체의 정치화
• 합의 외면하는 기득권 노조
• 국민의 방관자적 태도

법칙Duverger's Law'이다. 비례대표 비중이 높은 유럽 국가들이 대부분 다당제이고 연립정부 형태로 운영되는 이유다.

한국은 소선거구제와 비례대표제를 혼용하고 있지만 300석 중 246석이 지역구에서 최다 득표한 당선자들로 채워진다. 결과적으로 양대 정당이 유권자들의 실제 지지보다 의석 배분에서 '과대 대표'되고 있는 것이다. 강원택 교수는 "이대로 가면 통일 후 북한에 평안도당, 함경도당이 나와 지역주의가 더 악화될 것이다. 남쪽의 정당이 보편적 가치를 지녀야 북한의 보수와 진보를 끌어안는 구조가 가능해진다"고 강조했다.

현재의 정치 관계법도 양당 기득권을 고착화하고 있다. 강 교수는 "여러 가지 형태의 선거법, 정치자금법이 양당 체제를 뒷받침하고 있다. 유권자들의 입을 틀어막고 표만 던지라고 강요하는 꼴"이라고 비판했다.

정치자금법 27조에 따르면 중앙선거관리위원회에 등록된 정당 가운데 교섭단체를 구성한 정당에 정치자금 총액의 50%를 균등 배분한다. 5석 이상 20석 미만의 정당에는 총액의 5%, 의석이 없거나 5석 미만이지만 일정 요건을 충족하면 총액의 2%를 준다. 이어 잔여분 중 절반은 의석수 비율에 따라, 나머지 절반은 최근 실시한 국회의원 선거의 득표수 비율에 따라 배분한다.

현행 국고보조금 제도는 거대 정당에 유리하며, 이는 결과적으로 소수 정당의 출현을 가로막고 기존 정당의 자생력까지 약화시키고 있다. 국고보조금 단가는 1994년 유권자 1인당 800원이었으나 2008년 물가상승률을 매년 반영하기로 변경해 2015년 기준 981원으로 올랐다. 해마다 유권자 수와 보조금 단가가 늘어나니 거대 정당이 점점 유리해지는 구조다.

2014년의 경우 정당 국고보조금과 지방선거 보조금 등 총 804억 원 가운데 새누리당이 364억 원(45%), 더불어민주당이 338억 원(42%), 옛 통합진보당이 61억 원(8%), 정의당이 42억 원(5%) 등을 가져갔다. 2006년 이후 10년을 따져 보니 5,700억 원이 국민 세금에서 정당으로 흘러들어 갔다.

더 큰 문제는 정책 개발에 쓰여야 할 보조금의 대부분이 정당의 인건비로 쓰이는 데다 중앙당 지도부의 화환 값이나 식대, 당직자들의 유흥비로 전용되기도 한다는 점이다. 지난 2004년 정치

자금법 개정으로 국고보조금(선거 보조금 제외)의 30%를 정책연구소 운영에 쓰도록 법제화됐다. 그럼에도 2014년 기준으로 주요 정당의 싱크탱크 예산은 새누리당 여의도연구원 98억 원, 더불어민주당 민주정책연구원 55억 원, 정의당 진보정의연구소 6억 원 등 총 159억 원에 그쳤다.

정당 정치의 모범인 독일의 경우 기독교민주당 성향의 콘라드 아데나워 재단, 사회민주당 성향의 프리드리히 에버트 재단이 있다. 이들 싱크탱크는 모#정당의 정책 개발에 한정되지 않고 국가를 위한 장기 프로젝트나 정치인 양성, 시민 교육 등에 집중한다. 독일의 정책 싱크탱크도 국고보조금에 의해 운영되는 것은 마찬가지지만 법적으로 정당에서 독립돼 있다. 특히 보조금 총액이 2011년 기준으로 4억 2,300만 유로(약 5,700억 원)에 달했다. 정당에 대한 보조금의 3배 수준이며, 한국 싱크탱크 예산의 35배에 달하는 막대한 규모다.

깨끗한 정치를 위해 강화한 정치자금법이 역설적으로 정당이 국고보조금에 의존하도록 발을 묶는 결과를 초래했다는 지적도 있다. 이런 가운데 최근 헌법재판소가 정당후원회를 금지한 현행 정치자금법 45조에 대해 헌법불합치 결정을 내리면서 향후 정당의 재정 구조에 어떤 변화를 가져올지 주목된다.

국회는 2017년 상반기 내에 법률 개정을 통해 정당후원회를 부활시켜야 한다. 정치권은 지난 2006년 3월 깊은 돈의 정치권 유

주요 정당 현황

구분	새누리당	더불어민주당	국민의당	정의당
당원 수 (당비 납부 당원) *2014년 말 기준	270만 8,085명 (25만 3,552명)	243만 111명 (31만 6,836명)	—	1만 8,000명 (9,921명)
국회 의석 수 *2016년 1월 기준	156석	118석	17석	5석
국고보조금 규모 *2014년 기준, 지방선거 보조금 포함	363억 5,515만 원 (45.2%)	338억 3,142만 원 (42.1%)	—	41억 5,715만 원 (5.2%)

*국민의당은 2016년 2월 창당으로 통계 없음

입을 막고 고비용 구조를 청산하자는 취지에서 정당후원회를 원천 금지했다. 하지만 헌재는 해당 법조항이 정당활동의 자유와 국민의 정치적 표현의 자유를 침해한다고 판단했다. 정당후원회가 허용되면 자금난에 처한 소수 정당의 숨통이 트일 수 있다는 분석이 우세하지만 일각에선 거대 정당에 후원금이 쏠릴 것으로 우려하기도 한다.

리더십의 위기

스웨덴 하르프순드에서 배워라

흔히 북유럽 국가들의 정치를 '코포라티즘Corporatism'이라고 부른다. 특히 스웨덴의 사례를 가리켜 '하르프순드 민주주의Harpsund Democracy'라고 한다.

스웨덴 사람들이 숭모하는 정치인이자 무려 23년(1946~1969)간 총리였던 타게 에를란데르Tage Erlander는 별장이 있는 스톡홀름 서쪽 하르프순드에서 노동조합 지도자와 기업인, 주요 정치인들과 정례 회의를 가졌다. 격주 목요일에 만나 '목요일 클럽'이라고 불리기도 했다. 에를란데르 총리가 이끈 사회민주당 정부는 목요일 클럽에 이어 하르프순드 콘퍼런스를 20년 가까이 이어갔다. 스웨덴의 중요한 의사결정이 모두 하르프순드에서 이뤄졌다. 침

석자들은 별장 옆 호수에서 때로 노를 함께 저으며 서로를 이해했고, 예상보다 쉽게 합의가 도출되는 경우가 늘어났다.

한국도 북유럽 모델을 벤치마킹한 노사정협의체를 가동해 2015년 가을에 부분적 합의를 이끌어 냈으나 합의 자체를 부정하는 야당과 민주노총에 가로막혀 입법화에 차질을 빚고 있다. 우리도 스웨덴처럼 대통령과 여야 정치인, 양대 노총의 위원장, 주요 재벌 회장들이 목요일마다 만나 1년 정도 대화를 계속했다면 어떤 결과가 나왔을까.

한국의 '제왕적 대통령제'가 소통을 어렵게 만드는 구조적 원인이라는 분석도 있다. 현직 대통령은 그동안 사실상 여당의 공천권을 가졌거나 상당한 영향력을 행사했다. 여당 의원들은 청와대에 종속된 채 정부가 원하는 법안과 예산을 충실히 처리했다. 여대야소與大野小 의석 구도하에서 대통령은 국회와 소통할 필요성이 적었던 이유다. 반대로 총선 결과 여소야대 상황이 되면 인위적인 정계 개편을 시도했다.

또 미국의 대통령중심제와 달리 한국은 정부가 법률안 제출권을 갖고 있다. 아울러 미국의 예산법률주의와 달리 한국 국회는 정부가 제출한 예산안에서 대략 5% 미만에 부분적인 수정을 가하는 거수기 수준에 머문다. 국회의 권한이 커진 것은 사실이지만 여전히 행정부가 입법부보다 우위에 있는 것이 한국 정치의 핵심적 구조다. 결국 대통령이 주도하는 한국판 하르프순드 회의가 필요한 이유다.

〈교수신문〉은 2015년을 상징하는 사자성어로 '혼용무도昏庸無道'를 꼽았다. 여기서 '무도'는 나라의 예법과 도의가 무너진 상태를 말하며 '혼용'은 무능한 정치 지도자를 뜻한다. 결국 '정치적 리더십의 부재'가 한국 사회가 어지러운 이유라는 뼈아픈 지적이다.

〈매일경제〉는 2015년 말 정치·경제·언론학 교수 100명을 대상으로 설문조사를 실시했다. 그 결과 '한국 정치 후진화의 가장 큰 책임이 누구에게 있나'라는 질문에 대통령 54%, 입법부 32%, 행정부 5% 등으로 응답한 것도 대통령이 사실상 '무한 책임'을 지고 있다는 점을 보여 준다. 박재완 성균관대 교수는 "오늘날 정치 문제의 원인은 모두에게 있겠지만 무한 책임을 지는 건 대통령"이라고 말했다.

박 교수는 "개발독재 시대의 억압적인 정치 상황에서는 반강제적으로 협력을 이끌어 내 공론을 결정하던 시절도 있었으나 이제 그런 방식은 유효하지 않다. 싱가포르처럼 1.5당 체제를 유지해 효율적인 의사결정 구조를 유지하려는 시도나, 중국과 같은 중앙 집권적 리더십으로 빠른 의사결정을 내리는 모델을 추구해서는 안 된다"고 강조했다.

강원택 서울대 교수도 "과거 이승만, 김영삼, 김대중 대통령과 같이 역사 속에서 성장하면서 큰 권위를 지닌 정치 리더가 나오는 것은 불가능하나"고 단언했다. 심형순 병시대 교수는 노널느

국회 얼마나 신뢰하나

(단위: %)

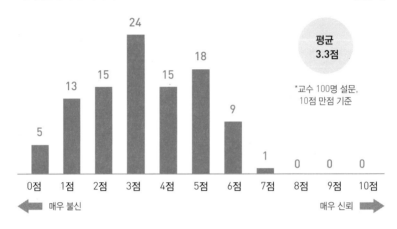

평균
3.3점

*교수 100명 설문,
10점 만점 기준

국회가 불신받는 이유

(단위: %)

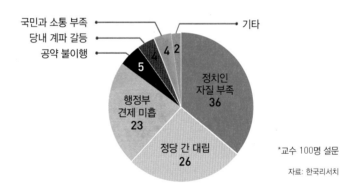

*교수 100명 설문

자료: 한국리서치

레이건 전 미국 대통령의 리더십을 한국 정치 리더들에게 권했다. 그는 "레이건 대통령은 재임 당시, 8시간 중 3시간을 공식 업무에 할애하고 남은 5시간에는 야당을 만났다. 끊임없이 소통하

정부 얼마나 신뢰하나

(단위: %)

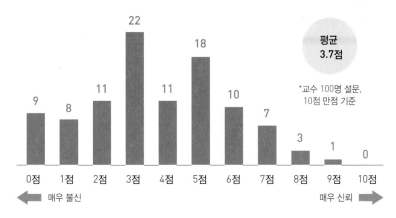

평균
3.7점

*교수 100명 설문,
10점 만점 기준

0점 1점 2점 3점 4점 5점 6점 7점 8점 9점 10점

◀ 매우 불신   매우 신뢰 ▶

정부가 불신받는 이유

(단위: %)

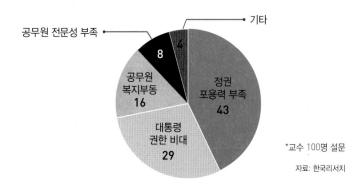

공무원 전문성 부족 ●   ● 기타

공무원
복지부동
16

대통령
권한 비대
29

정권
포용력 부족
43

*교수 100명 설문

자료: 한국리서치

려는 노력이 있었기에 레이건 대통령은 8년의 재임 기간 중 6년
이 여소야대인 상황에서도 효율적으로 국정 운영을 해 나갈 수
있었다"고 말했다.

여권의 리더들이 청와대에 종속돼 입법부의 행정부 견제 기능이 사라졌다는 비판도 나온다. 장덕진 서울대 교수는 "의회가 행정부를 견제하는 것이 아니라 행정부와 여당이 한편이 되고 야당이 한편이 돼서 여야의 대립구도만 남게 된다. 이런 구조에서는 몇 가지 쟁점 법안을 가지고 대립하다 나머지 정책에 대해선 이야기할 틈도 없이 일괄 처리된다"고 지적했다.

낡은 리더십이 문제다

정치권이 차세대 리더를 육성하지 못하는 것도 비극이다. 여전히 60대 이상이 주도하는 한국 정치와 달리 세계는 젊은 리더들이 속속 나오고 있다.

혜성처럼 등장한 캐나다의 총리 쥐스탱 트뤼도는 겨우 43살이다. 그리스의 알렉시스 치프라스 총리는 40세에 총리에 올랐다. 트뤼도가 전직 총리였던 부친의 후광을 입은 반면 치프라스는 대학생 때부터 학생운동 대표로 정치권에 얼굴을 알리며 성장했다. 45세에 미국 하원의장이 된 폴 라이언은 이미 하원의원 16년 차다. 대학 졸업과 함께 보좌관으로 정계에 입문해 지난 대선에서 공화당 부통령 후보에 올랐다. 이 밖에도 베네수엘라 야당연대인 민주연합회의MUD 지도자인 엔리케 카프릴레스(44), 스페인 포데모스의 대표인 파블로 이글레시아스(38) 등 젊은 정치인 열풍이 뜨겁다.

강원택 교수는 "트뤼도같이 젊고 유능한 총리의 등장이 가능한 것은 유권자와 동료들이 정당에서 그가 성장하는 과정을 지켜봤기 때문"이라고 설명했다. 결국 정당이 젊은 정치 리더의 모판이 돼야 한다는 얘기다.

실제로 해외에서는 정치 지망생들이 아주 어린 시절부터 정치 활동을 시작한다. 스웨덴의 교육장관 구스타프 프리돌린이 좋은 예다. 그의 정치 경력은 11세 초등학생 때 녹색당에 입당하면서 시작됐다. 16세 때 '청년 녹색당원' 조직의 공동 대변인을 맡았고, 19세 때 국회에 진출한 뒤 32살에 교육장관이 됐다.

박재완 교수는 "일본의 마쓰시다 정경숙, 프랑스의 그랑드제콜, 미국의 케네디스쿨 등에 비하면 한국의 정치인 육성 시스템은 열악하다. 정치를 지망하는 사람들이 끊임없이 자기를 연마하면서 정치 경험을 체계적으로 쌓을 수 있는 시스템이 필요하다"고 말했다.

자체적인 육성 시스템 없이 외부 인사를 수혈하는 현재의 리크루팅 시스템이 리더십 부재를 불러온다는 지적도 있다. 강원택 교수는 "우리나라는 정당을 통해서 정치하는 사람이 적고 오히려 미디어를 통해 바깥에서 좋은 이미지를 만들어 정치인이 되려고 한다. 사람들은 그를 정치적 리더라 여기기 시작하지만 좋은 리더인지는 따지지 않는다"고 말했다.

이러다 보니 정치인들이 정책이나 비전을 제시하지 않고 자극적인 이미지 정치만 하게 된다. 김형준 명지대 교수는 "정치 패러다임을 바꾸려면 철학이 있어야 하는데 한국의 리더에겐 철학이 없다. 지금은 정치철학 빈곤의 시대"라고 꼬집었다.

절반쯤 정치에 몸을 담근 관료 집단도 리더십 부재에 시달리긴 마찬가지다. 정대영 송현경제연구소 소장은 "한국의 관료는 법률, 시행령, 규칙 제정과 예산, 각종 인·허가 등을 통해 나라 전체를 실질적으로 다스린다. 관료들로 인해 한국은 되는 것도 없고 안 되는 것도 없는 사회가 됐다"고 말했다. 관료 집단에 부여된 과도한 권한, 부족한 책임의식, 정치권과의 결탁 등으로 한국 정치가 후퇴하고 있다는 얘기다.

이내영 고려대 교수는 "다수 국민이 한국 정치가 실패했다고 느끼는 것은 분명하다. 리더십을 발휘해야 할 정치권이 국민으로부터 불신을 받고 있는 것은 매우 위험한 현상"이라고 우려했다. 정치 리더십의 부재는 결국 대결의 정치와 교착의 정치로 나타난다. 2016년 현재 한국의 정치 리더들은 한마디로 문제 해결 능력을 상실한 상태다.

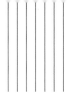

팔로어십의 위기

시민 없는 시민단체

민주주의 사회에서 투표를 통해 정치 리더를 뽑는 최종적 주체는 국민이다. 리더십 못지않게 팔로어십Followership도 제대로 작동해야 한다. 리더에 대한 견제도 중요하다. 하지만 때로 힘을 모아 국가 전체가 미래를 향해 나아갈 수 있도록 팔로어십이 제대로 기능해야 한다.

그러나 정치권과 시민단체는 쌍둥이처럼 닮아 있다는 아픈 지적이 나온다. 2001년 국정홍보처가 우리 사회 각 집단의 신뢰도를 조사할 때만 해도 응답자의 65%가 시민단체를 신뢰한다고 답했다. 당시 시민단체가 모든 기관을 통틀어 1위를 차지했다(〈매일경제〉 2001년 12월 28일사).

그러나 2014년에 실시된 한국행정연구원의 사회통합 실태조사를 보면 시민단체가 우리 사회를 위해 '전혀 노력하지 않는다'는 답변이 6.5%, '별로 노력하지 않는다'는 답변이 19.1%였다. '보통이다'가 40.2%, '약간 노력한다'가 30%, '매우 노력한다'는 4.2%에 그쳤다.

이런 현상에 대해 박재완 성균관대 교수는 '시민 없는 시민단체'라고 지적했다. 박 교수는 "시민단체는 불편부당해야 한다. 어떤 정책에 있어서 특정 정파와 입장이 같거나 이념은 같을 수 있지만 한쪽 정파와 연결고리를 가지고 선거 운동을 돕는 것은 옳지 않다. 중립적이지 못하기 때문에 더 이상 시민들도 신뢰하지 않는 것"이라고 말했다.

시민단체가 좌우로 나뉘어 싸우는 모습이 기존 정치권의 부정적인 모습을 빼닮았다는 비판도 있다. 류석춘 연세대 교수는 "시민단체의 가장 큰 문제점은 진보와 보수로 나뉘어 지나치게 정치화된 것"이라고 말했다. 현실 정치권이 만든 이념 프레임에 시민단체도 똑같이 갇혀 있다는 것이다. 임승빈 명지대 교수도 "보수와 진보의 프레임으로 시민단체가 나뉘어 싸우다 보니 '어용단체'와 '반어용단체'밖에 존재하지 않는다. 시민단체는 비정파성이 중요하다"고 강조했다.

시민단체 인사들이 비례대표제를 이용해 정치권으로 직행하는 점도 문제다. 실제로 야권 비례대표 의원 가운데 상당수가 각종 시민단체에서 충원되는 구조다. 류석춘 교수는 "요즘 시민단체에는 시민은 없고 명망가들만 모여 정치적 발판으로 삼으려 한다. 시민단체가 올바르게 작동하기 위해서는 정치적 야심이 없는 평범한 시민들이 참여해야 한다"고 말했다. 익명을 요구한 새누리당 의원은 "시민단체 출신 야당 의원들은 결국 모태인 시민단체의 눈치를 보며 정치를 할 수밖에 없다. 과거 투쟁적 방식으로 정치를 하는 것도 문제"라고 주장했다.

시민단체의 재정 자립도가 낮은 점도 신뢰도 저하의 원인이 된다. 참여연대와 경제정의실천시민연합과 같은 거대 시민단체들은 후원금 등을 통해 자립적 운영이 가능하지만 군소 시민단체들은 정부 지원에 의존하고 있는 상황이다.

2015년 기준으로 등록되어 있는 비영리단체는 1만 1,205개다. 이 중 236개 단체가 정부로부터 2015년 한 해 90억 원을 지원받았다. 정부나 지방자치단체가 지원하는 시민단체의 정치적 성향에 대한 시비는 여전하다. 예를 들어 서울시가 2012년부터 2015년 4월까지 진보 성향 시민단체에 지원한 돈이 보수 성향 단체에 지원한 돈의 5배 가까이 된다고 이노근 새누리당 의원이 주장한 바 있다.

임승빈 교수는 "보조금을 정부가 직접 지급하는 나라는 한국밖에 없다. 미국이나 일본, 영국과 같은 경우 중간에 민간 전달기구를 두고 시민단체들의 중립성을 보호한다. 시민단체와 정부 사이

늘어나는 상급단체 미가입 노조 조합원

(단위: 만 명)

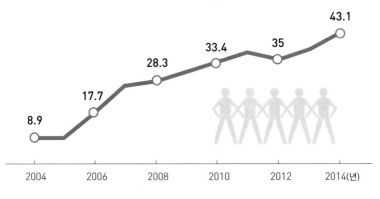

8.9 (2004)
17.7 (2006)
28.3 (2008)
33.4 (2010)
35 (2012)
43.1 (2014년)

자료: 고용노동부

역대 국회의원 선거 투표율 추이

(단위: %)

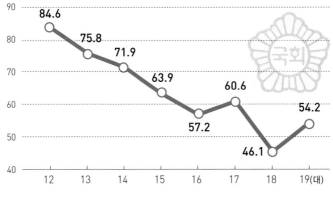

84.6 (12)
75.8 (13)
71.9 (14)
63.9 (15)
57.2 (16)
60.6 (17)
46.1 (18)
54.2 (19대)

자료: 중앙선거관리위원회

의 직접적인 재정 고리를 끊어야 한다"고 강조했다.

공룡이 돼 버린 거대 노동조합도 서둘러 변화를 모색할 때다. 상급 노조에 대한 불신은 한국노동조합총연맹한노총과 민주노동조합총연맹민노총에 가입하지 않는 노조와 노조원 수가 계속해서 증가하는 데서 확인된다. 고용노동부에 따르면 2004년에는 상급 노조 미가입자가 8만 9,000명에 불과했지만 2014년에는 43만 1,000명으로 늘었다. 10년 사이에 5배가량 증가한 수치다.

김성국 이화여대 교수는 "미가입 노조원이 늘어나는 것은 상대 노총이 노동자 권리를 반영하기보다는 정치투쟁을 일삼는 데 대한 반발이 영향을 미친 것"이라고 설명했다. 김 교수는 "독일의 상급 노조는 신산업에 대한 대응책, 연대 목표, 난민 정책 등에 대한 10년 장기 목표를 세운다. 현재 노조는 국민들에게 '슈퍼갑'으로 인식되고 있다. 단기적인 투쟁보다는 장기적인 비전을 가져야 한다"고 조언했다.

1970~1980년대 일본의 소효總評, 일본노동조합총평의회도 전투적 정치투쟁에 매달렸다. 하지만 글로벌 경쟁에 노출된 민간기업 노조들이 등을 돌리자 1989년에 결국 해산됐다. 이후 노사협조주의를 표방하는 렌고連合, 일본노동조합총연합회가 소효를 대체했다. 렌고는 '함께 산다'는 뜻의 '스미와케'를 기치로 내세웠다.

"정치인들이 잘못해서 불신이 생긴 건지, 아니면 불신이 커서 정치를 못하게 된 건지 모르겠나. 닭이 번서냐, 달걀이 번서냐 같나."

박원호 서울대 교수의 얘기다. 국민의 정치적 무관심도 팔로어십의 문제로 지적된다. 민주주의 국가에서 투표는 국민이 정치적 목소리를 낼 수 있는 가장 강력하고 기본적인 창구다. 그러나 점점 낮아지는 투표율은 국민의 정치적 무관심을 여실히 반영한다. 19대 투표율은 18대에 비해 소폭 올랐으나 12대 국회의원 선거에 비하면 반 토막이다. 12대 국회의원 선거 투표율은 84.6%였지만 19대 국회의원 투표율은 54.2%에 불과하다.

도널드 존스턴 전 경제협력개발기구OECD 사무총장은 인터뷰에서 "한국과 같이 민주주의 역사가 길지 않은 나라는 의무투표제를 검토해야 한다. 의무투표제는 대중이 공공정책 이슈에 좀 더 관심을 기울이도록 만들 수 있다"고 강조했다. 이정희 한국외대 교수는 "사람들이 정치를 바꿀 수 있다는 자신감이 줄어들며 악순환에 빠지고 있다. 정치권은 정치권대로 정신을 바짝 차리고 국민은 나름대로 국회에 제대로 된 사람을 뽑아야 되겠다는 의지가 필요하다"고 강조했다.

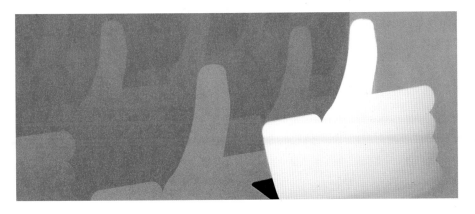

CHAPTER 04

희망의 정치를 위한
액션 플랜

액션 플랜 1.
87년 체제 30년,
개헌 국민위원회 만들자

대한민국은 1948년 정부 수립 이후 모두 9차례 헌법을 개정했다. 현행 헌법은 1987년 10월 개정돼 1988년 2월부터 시행됐다. 그래서 현재의 정치 체제를 '87년 체제'라고 부른다.

민주화에 대한 국민들의 열망이 오롯이 담겼으나 30년이 흐른 지금 오히려 국가 발전을 가로막고 있다는 의견도 상당하다. 87년 헌법은 대통령 직선제와 5년 단임제를 선택하고 대통령의 비상조치권, 국회 해산권을 폐지하는 등 대통령의 권한을 과거보다 제한했다. 그러나 행정부 우위의 한국형 대통령제의 근간은 유지됐다. 입법부나 사법부에 비해 대통령이 이끄는 행정부 권한이 월등히 우위에 있다는 점을 부인할 사람은 없을 것이다.

'승자독식Winner takes all' 구도가 깊게 뿌리를 내리면서 입법부는 국가의 장기적 이익이 아니라 오직 정권 재창출을 목표로 작동하게 됐다. 야당은 대통령과 정부가 실패해야 정권 교체가 이뤄진다고 믿는다. 여당은 청와대의 '명령'에 철저히 순종한다. 이것이 대한민국 국회가 엉망인 구조적 원인이다.

반대로 5년 단임제하의 대통령은 실질적으로 일할 시간이 3년에 불과하다. 단임제하에서 레임덕은 누구도 피해 갈 수 없는 운명이다. 따라서 권력 구조 측면에서의 개헌 논의는 5년 단임제를 바꾸고 대통령의 권한을 축소, 또는 견제할 수 있는 장치를 강화하는 데 초점을 맞춰야 한다. 정치권 일각에선 아예 독일식 의원내각제로의 근본적 변화를 주장하기도 한다. 이들은 "미국 대통령제는 다른 국가로 수출되는 순간 죽음의 키스로 변한다"는 독일 헌법학자 칼 뢰벤슈타인의 말을 신봉한다.

독일은 일본과 달리 안정적으로 의원내각제가 운영되는 대표적인 나라다. '건설적 불신임제'를 통해 의회가 총리에 대한 불신임 투표를 하기 전 반드시 차기 수상을 확정하도록 강제한다. 총리는 연방의회에 대한 '신임 요구권'을 가지며 신임을 받지 못하면 의회를 해산할 수 있다.

오스트리아식 분권형 대통령제를 주장하는 사람들도 많다. 오스트리아의 연방 대통령은 국가통합의 상징으로 국민들이 직접 선출한다. 그러나 실질적 권한은 의회가 선출하는 총리에게 있다.

국회와 정부 간 극심한 갈등을 해소하기 위해 아예 양원제를 도입하자는 의견도 있다. 상원을 만들어 하원을 견제하자는 얘기

대한민국 개헌의 역사

제정(1948년 7월 17일)	대한민국 헌법 제정
1차 개헌(1952년 7월 7일)	**발췌 개헌** -대통령·부통령의 직선제 -양원제 국회, 국회의 국무원 불신임제
2차 개헌(1954년 11월 29일)	**'사사오입' 개헌** -초대 대통령의 연임 제한 철폐 -국무총리제 폐지와 부통령의 권한 대행
3차 개헌(1960년 6월 15일)	**'의원내각제' 개헌** -정당 규정 신설, 위헌정당 해산 제도 도입 -중앙선거위원회의 헌법 기관화 -지방자치단체장 직선제
4차 개헌(1960년 11월 29일)	**'소급법' 개헌** -반민주행위자 처벌을 위한 부칙 개정 -3·15 부정선거 관련자 소급해 처벌할 수 있는 근거 마련
5차 개헌(1962년 12월 26일)	**'국민투표' 개헌** -복수정당제 명시, 단원제 국회 -대통령제로 복귀 -헌법재판소 폐지
6차 개헌(1969년 10월 21일)	**'3선' 개헌** -대통령의 3선 금지 규정 폐지 -대통령에 대한 탄핵소추 요건 강화
7차 개헌(1972년 12월 27일)	**'유신' 개헌** -대통령의 긴급조치권과 국회 해산권 신설 -통일주체국민회의가 대통령 및 국회의원 정수의 3분의 1 선출 -대통령의 6년 연임·중임 가능, 간선제 투표 방식
8차 개헌(1980년 10월 27일)	**'국보위' 개헌** -통일주체국민회의에서 대통령 선출 -대통령 7년 단임제, 선거인단 간선제
9차 개헌(1987년 10월 29일)	**'직선제' 개헌** -대통령 직선제 및 5년 단임제, 소선거구제 -헌법재판소 설치

다. 현재의 소선거구제하에서 국회의원들은 국가 '전체 이익'이 아닌 지역구의 '부분 이익'에 굴복하기 마련이다. 따라서 전원 비례대표로 선출되는 상원을 두고 국가의 장기적 비전을 고민하게 하자는 아이디어다. 아울러 경제·사회적 변화를 담아 국민의 권리와 의무도 새롭게 규정해야 한다는 주장이 나온다.

우리는 87년 체제가 30년을 맞고 차기 대통령 선거가 실시되는 2017년을 주목한다. 아이슬란드가 개헌포럼을 만들어 국민들의 의견을 듣고 개헌 과정 전체를 투명하게 공개한 것처럼 우리의 10차 헌법 개정도 반드시 국민들의 참여를 보장해야 하며 이를 위해 '개헌 국민위원회'를 만들 것을 제안한다. 한국의 미래를 좌우할 권력 구조 개편은 정치인들의 손에 맡길 일이 전혀 아니다. 차기 대권 주자들은 개헌에 대한 찬반 의사를 명확히 하고, 개헌이 필요하다면 방향과 시점을 구체적 공약으로 제시할 것을 요구한다.

액션 플랜 2.
국회 개혁안,
선거 공약으로 내걸어라

19대 국회는 2016년 1월 말까지 법안 처리율이 40.9%에 그쳐 17대 국회(50.3%), 18대 국회(44.8%) 등에 비해 낮았다. 단순히 처리율의 문제가 아니다. 정부나 여당이 제출한 법안 가운데 우선순위가 높은 경우 예외 없이 야당이 다른 법안과 연계 처리를 요구했다. '끼워 팔기', '법안 바터'라는 용어가 신문 지면에 난무했다.

19대 국회가 저생산성의 늪에 빠진 것은 이른바 국회선진화법이라 불리는 개정 국회법이 결정적 원인이 됐다. 국회가 스스로 채택한 '초다수결' 제도는 폭력 국회를 막겠다는 선한 취지와 달리 어느 한 당이 협조하지 않을 경우 국회가 '올스톱'되는 비극을 초래했다.

표결은 사라지고 거대 정당 간 합의만이 법안 처리를 위한 유

국회선진화법 주요 내용

국회의장 직권상정 요건 강화	천재지변, 국가비상사태, 교섭단체 대표 합의 시로 한정
필리버스터 제도 도입	재적 3분의 1 이상 요구로 무제한 토론 가능, 5분의 3 이상 찬성해야 종료
안건조정위원회 설치	상임위 쟁점안건은 여야 동수 조정위 구성, 최장 90일 논의 후 상임위 재적 3분의 2 의결로 통과
의안신속처리제 도입	상임위 180일, 법사위 90일 내 신속 처리하는 의안으로 지정하려면 5분의 3 이상 찬성 필요
폭력국회 방지	국회의장석, 상임위원장석 점거나 출입 방해 시 최고 제명
예산안 처리 의무화	매년 11월 30일까지 심사 완료, 기한 못 지키면 본회의 자동 상정

일한 통로가 됐다. 결국 새누리당 스스로 민주주의의 오랜 원칙인 과반수 의결을 무력화해 놓고 뒤늦게 땅을 치고 있는 셈이다. 국회선진화법은 교착 상태에 빠졌을 때를 대비해 패스트트랙_{의안} 신속처리 제도를 두긴 했다. 그러나 안건을 패스트트랙에 올리려면 상임위 재적 5분의 3 이상의 찬성이 필요하고 상임위원회 최대 180일, 법사위원회 최대 90일 등 1년 가까이 시간이 걸리기 때문에 19대 국회에서 단 한 번도 사용되지 못했다.

여당은 '소수 독재법', '국회 후진화법'이라며 개정을 주장하지만 새누리당이 20대 국회에서 의석 5분의 3(180석) 이상을 확보하지 못하면 현행 선진화법 체제에서 벗어날 수 없다. 박재완 성균관대 교수는 "헌법재판소가 정치적 이해관계가 첨예한 문제에 대해 적극적 판단을 내리려 하지 않을 것이다. 야낭이 선신화법

폐기를 역으로 제안하길 바란다"고 말했다. 야당이 향후 집권 가능성을 염두에 두고 통 크게 결단해야 한다는 얘기다.

더불어민주당이 영원히 야당으로 머물 작정이 아니라면 국가 전체의 효율성과 국회에 대한 국민들의 불신을 감안해 20대 총선에서 공약으로 선진화법 개정을 내걸 것을 제안한다. 국민의당도 마찬가지다. 국회법을 어떻게 개정할지 구체적인 내용을 확정해 총선 이전에 공약으로 발표해야 할 것이다. 선진화법 전면 폐지가 어렵다면 패스트트랙 제도의 적용 기준을 대폭 완화할 것을 정치권에 요청한다. 이미 국회의장이 관련 법안을 제출했다.

미국 연방 하원은 본회의 직접 상정 제도를 두고 있다. 일명 '위원회 심사배제 요청제Discharge Petition'다. 상임위가 법안을 30일 이상 계류시켰을 때 본회의 재적 의원 과반의 찬성으로 상임위 심사권을 박탈하고 본회의에 직접 상정할 수 있다. 본회의에 상정되면 찬성자와 반대자가 토론을 벌인 뒤 곧바로 표결한다.

우리도 20대 국회부터 패스트트랙 의안으로 선정하기 위한 의결 요건을 과반 찬성으로 낮추고, 신속처리 기한도 최장 100일 이내로 단축해야 한다. 아울러 국회 일정을 여야 합의에 의해 수시로 변경할 것이 아니라 상시화해야 한다. 미국 하원의 경우 무쟁점 법안은 매월 둘째, 넷째 월요일 본회의에 상정되는 것이 관례다.

액션 플랜 3.
국고보조금의 60%를
정책 개발에 쓰자

　국민들은 선거를 통해 정당을 선택한다. 정당을 선택하는 기준은 정책이다. 각 정당은 좋은 정책을 내기 위해 경쟁해야 하고 이 과정에서 정책의 수준도 업그레이드되는 선순환 구조가 만들어지는 것이 민주주의의 장점이다. 하지만 현재 정치권 상황을 보면 정책은 언제나 후순위에 머물러 있다.

　현행 정치자금법 28조는 국가가 지급하는 보조금 총액의 30% 이상은 정책 개발비, 10%는 지방당 지원, 10%는 여성 정치 발전에 쓰고 남은 돈으로 당 사무처 인건비, 조직 활동비 등에 지출하도록 규정하고 있다. 현재 국고보조금 지급 규정에 따라 여의도연구원(새누리당), 민주정책연구원(더불어민주당), 진보정의연구소(정의당) 등 3개 정책연구소가 운영되고 있는데 중앙선거관리위원회에 따르면 2014년에 이들 연구소 수입은 각각 약 97억

정당 정책연구소 개선 방안

연구소 재원 확대	-정당 보조금 중 30%인 정책 개발비 비율을 60%로 상향 -후원회를 만들어 재원 확충하도록 정치자금법 개정
당 지도부의 영향력 배제	-현역 의원의 연구소 요직 임명 금지 -보조금을 정당이 아닌 국가로부터 직접 수령
지출 내역 정비	인건비나 여론조사 중심의 업무 대신 정책 개발에 집중
외부 감사 시행	정기적 외부 감사 제도 도입

원, 53억 원, 6억 원 수준이었다.

선진국의 정당 싱크탱크는 어떨까. 독일의 싱크탱크들은 조직과 예산 규모가 천문학적이다. 독일 기독교민주연합CDU과 연계된 콘라드 아데나워 재단은 60년 역사를 자랑하는 독일의 대표 싱크탱크다. 연간 예산이 무려 1억 3,404만 유로(약 1,674억 원)로 현재 80여 개 국가에서 사무실을 운영하고 있다. 소속 직원만 570여 명에 이른다. 예산은 대부분 정부로부터 지원받는 공공 자금이다. 이들은 정당을 모태로 하지만 조직과 재정은 완전히 독립돼 있다.

제 역할을 못하는 연구소에 정부가 더 많은 보조금을 지원하긴 어렵다. 우선 정당 국고보조금의 최소 60%를 정책 개발비에 쓰도록 정치자금법을 개정해야 한다. 그 대신 현행법으로는 금지돼 있는 정당후원회를 허용해 운영비를 모금하도록 통로를 열어주면 된다. 아울러 정책연구소가 당 지도부의 영향력에서 독립될 수 있도록 시스템을 만들어 주는 것이 필요하다. 정당으로부터 예산을 지원받는 현행 구조는 연구소가 국고에서 직접 지원받는 형식으로 바뀌어야 하고 인사 역시 독립돼야 한다.

지출 내역도 더 꼼꼼하게 살펴야 한다. 지난 10년간 정당으로 흘러간 보조금이 5,000억 원을 훌쩍 넘는다. 매년 1회로 규정된 정당의 회계 보고는 분기별 보고로 바꾸고 세부 내역을 전면 공개해야 투명성을 높일 수 있다.

액션 플랜 4.
무능력 국회의원
국민소환제 도입하라

국회의원은 다양한 특권을 누린다. 가장 큰 특권 중 하나는 '웬만하면' 금배지를 빼앗기지 않는다는 것이다. 선거법 위반으로 인한 당선 무효, 유죄 판결의 확정, 국회 제명만이 의원직 상실 사유다. 19대 국회 들어 총 23명이 의원직을 상실했는데, 이 중 22명이 형사처벌로 인해 여의도를 떠났다. 법적 문제만 없으면 4년 동안 의원직을 마음껏 누릴 수 있다. 국회의원에 대한 견제와 감시 장치가 4년에 한 번 열리는 선거뿐이라는 뜻이기도 하다.

지방자치단체장과 지방의원들은 '지방자치법'과 '주민소환에 관한 법률'에 따라 주민(국민)소환제 대상에 해당된다. 국민소환國民召還, Recall이란 국가원수나 국민 대표자를 임기 도중에 국민의 투표로 해임시키는 행위로, 국민해임 또는 국민파면이라고 부르기도 한다. 투표권을 행사한 유권자의 손으로 무능력한 대리인을

국회의원 국민소환 절차

국민소환 청구인 대표자 중앙선관위에 교부 신청 → 대표자 서명 요청 활동 → 소환투표 청구 → 중앙선관위 소환투표 대상자 국회의장에 통지

소환투표 발의 → 소환투표 실시 → 개표 → 결과 확정

*황주홍 의원 법안 기준

교체할 수 있도록 하는 제도다.

국민소환제는 특정한 사안에 대하여 국민이 직접 결정을 내리는 '국민투표'와 국민이 정책을 제안하는 '국민발안'과 함께 대의민주주의를 채택하고 있는 체제하에서 국민의 정치 참여 권리를 확대하는 중요한 요소다. 국민이 자리에 앉힌 선출직 공무원이 국민의 심판으로 물러나는 것은 당연하다.

그러나 국회의원은 국민소환 대상에서 쏙 빠져 있다. 대통령조차 탄핵소추를 통해 직을 상실할 수 있는데 헌법기관인 국회만은 예외다. 국회의원에 대한 국민소환제 도입은 주기적으로 화두가 되고 있다. 국회도 민심에 떠밀려 국민소환제 도입을 추진한 바 있다. 황주홍 국민의당 의원은 지난 2012년 '국회의원의 국민소환에 관한 법률안'을 발의했다. 그러나 소관 상임위인 안전행정위원회는 19대 국회 4년 동안 이 법을 단 한 차례도 심사하지 않았다. 19대 국회 임기가 끝나면 법안은 자동 폐기된다.

야당은 민주당 시절인 지난 2014년 김한길 당시 대표 주도로 국회의원 특권 내려놓기의 일환으로 국민소환제 도입을 천명했다. 여당도 마찬가지다. 지난 2013년 당시 박재창 새누리당 정치 쇄신특별위원회 위원장은 "국민이 주도하는 정치를 구현하기 위해 국민소환제 도입을 검토하겠다"고 밝힌 바 있다. 그러나 말의 성찬일 뿐이었다.

20대 국회가 구성되면 국회의원들 스스로 국민소환제 대상에 자신들을 포함시킬 것을 요청한다. 최근에도 일부 국회의원들의 갑질 논란은 국민들에게 실망감을 안기고, 정치에 대한 국민의 불신을 키웠다. 그러나 논란에 휩싸였던 국회의원들은 아직도 국민의 대표임을 상징하는 금배지를 달고 여의도로 출근하고 있다.

액션 플랜 5.
국회의원 보수를
인센티브제로 바꾸자

대한민국 국회의원들은 매달 정기적으로 약 1,100만 원의 세비를 지급받는다. 기본급 격인 일반수당이 약 646만 원이고, 입법활동비(313만 원)가 붙는다. 여기에 관리업무수당, 급식비, 정근수당, 명절 휴가비 등도 지급된다.

총액으로 연간 1억 4,600만 원, 매달 평균 1,220만 원을 받는 셈이다. 여기에 상임위원장, 국회의장·부의장, 각종 특위 위원장, 원내대표 등을 맡으면 추가로 활동비가 지급된다. 인턴을 포함한 9명의 보좌진 급여, 사무실 운영비 등을 합하면 의원 1명당 연간약 6억 원이 지출된다. 300명 전체로 따지면 인건비만 1,800억 원이 소요되는 것이다.

국회의원 보수 규모의 적정성 여부는 상당 기간 동안 논란이돼 왔다. 그러나 지금까지 무능력한 국회에 대한 '징벌적 성격'의

국회의원 세비 및 지원비 항목

(단위: 원)

수당(월)	일반수당·봉급	6,464,000
	관리업무수당	581,760
	정액급식비	130,000
상여금(연)	정근수당	6,464,000
	명절휴가비	7,756,800
기타(연)	입법활동비 및 특별활동비	47,040,000
세비 연간 지급 총액		147,369,920
지원 경비(연)	의원사무실 운영비	6,000,000
	공공요금(전화·우편)	10,920,000
	사무기기 소모품 지원 등	5,000,000
공무출장 지원(연)	차량 유지비	4,296,000
	차량 유류비	13,200,000
	의원공무수행출장비(국내)	4,510,000
입법 및 정책 개발지원(연)	정책자료 발간비 등	13,000,000
	정책자료 발송료	4,387,920
	입법 및 정책 개발비	28,790,000
보좌진 인건비		420,000,000
1인당 평균 의원 외교활동비		22,100,000
기타 지원	공항 내 귀빈실 사용, 재외공관 환송 등 지원, 의원사무실 제공 (신관 149㎡, 구관 163㎡), 의원 체력단련실·목욕탕 등 무료 이용	

*보좌진은 4·5급 각 2명, 6·7·9급 각 1명, 인턴 1명 기준

자료: 국회사무처(2015년 기준)

보수 삭감 논의만 있어 왔을 뿐 정작 국회의원 보수를 높은 생산성으로 연결할 수 있는 방안에 대한 논의는 없었다.

지금처럼 성과 측정이 불가능한 구조에선 의원들이 의정 활동

에 주력할 유인이 적다. 재선을 위해서는 중앙정치 무대보다는 지역구 관리가 중요할 수밖에 없다. 의원들이 법안 통과보다 지역구 민원성 '쪽지 예산'에 주력하는 것도 이 때문이다. 입법 활동의 조력자 역할을 해야 할 보좌진 중 일부가 국회의원 회관이 아닌 지역구에 상주하고 있는 원인이기도 하다.

심지어 개인 사정으로 인해 의정활동을 전혀 하지 않는 의원들에게도 세비는 동일하게 지급된다. 우리는 의정활동 성과와 관련이 없는 현행 국회의원 보수 체계를 전면적으로 개편할 것을 제안한다. 이제라도 의정활동 평가 시스템을 재정비해 국회의원 활동의 중심을 행정부 감시와 입법 활동으로 돌려놓아야 한다.

이를 위해선 중립적 인사로 구성된 외부 독립기구가 국회의원 평가 기준을 촘촘히 만들고, 이에 따른 보수 체계를 새롭게 구축하도록 해야 한다. 법안 발의 횟수 등 정량적 평가뿐 아니라 사회적·재정적 영향 등 정성적 평가까지 수행할 수 있어야 한다. 국정감사를 통한 행정부 감시, 사회적 갈등 조정 등도 다층적으로 평가돼야 한다.

액션 플랜 6.
승자독식 깨려면
중·대선거구로 전환을

대한민국 19대 국회는 한국 정치사에 또 한 번 치욕을 남겼다. 국회는 헌법재판소가 기존 선거구 유효 시한으로 제시한 2015년 12월 31일까지 20대 총선에 적용할 선거구를 획정하지 못해 선거구 공백 사태를 초래했다. 헌법재판소가 20대 총선에 적용할 선거구를 새롭게 획정하라고 결정한 것은 2014년 10월 30일이다. 1년 2개월 동안 국회는 책임을 방기했다.

선거구 획정에 실패한 것은 여야 간 정쟁 탓이 크지만 소선거구 제도의 한계 때문이기도 하다. '6월 항쟁'으로 불렸던 1987년 직선제 개헌 투쟁을 통해 한국은 대통령 5년 단임제와 함께 국회의원 소선거구제가 도입됐다. 소선거구제는 하나의 선거구에서 한 명의 국회의원을 선출하는 제도다.

그러나 지난 30년간 대한민국은 소선거구제의 폐해를 충분히 경험했다. 하나의 지역구에서 한 명의 국회의원이 당선되는 승자독식 구도가 굳어진 탓에 국회의원들은 오직 지역구 이해관계에 목을 맨다. 선거구 획정이 힘든 것도 의원들 자신의 지역구가 사라질 수 있기 때문이다.

더 큰 폐해는 선거 승리를 위한 수단으로 혈연·지연 등 비합리적 요소가 개입되면서 영·호남을 기반으로 하는 지역주의 체제가 굳어졌다는 점이다. '깃발만 꽂으면 된다'는 인식이 강해지면서 국민이 아니라 공천권을 쥔 특정 인물의 눈치만 보는 계파 정치, 보스 정치가 정치권을 지배하는 문화 코드가 돼 버렸다. '당선만 되면 된다'는 그릇된 인식 탓에 네거티브 선거전, 포퓰리즘 공약 경쟁도 난무했다.

한국선거학회장을 역임한 김욱 배재대 정치학과 교수는 "선거구 획정 난항, 사표死票 문제, 정당 득표율과 의석률의 불일치 등 소선거구제로 인한 폐해를 충분히 경험했다. 선거구 규모는 최대한 넓히고 하나의 지역에서 득표율에 비례해 여러 명의 국회의원을 선출하는 중·대선거구제가 바람직하다"고 주장했다.

이와 관련해 우리는 정치권이 당리당략에서 벗어나 중·대선거구 제도를 도입하는 데 앞장서 줄 것을 요구한다. 도시 인구 증가 추세를 피할 수 없는 지금 기존의 소선거구 제도를 고집하면 선거구 획정 논란이 반복될 수밖에 없다. 지역구 범위를 넓히고 하나의 지역구에서 2 5명의 국회의원이 당선되는 중·대선거구 제

소선거구제 vs 중·대선거구제

소선거구제	제도	중·대선거구제
하나의 선거에서 한 명의 대표를 선출하는 다수대표제와 결합	특징	최다득표자 외 후보도 당선자가 될 수 있는 소수대표제와 결합
유권자가 후보 파악 용이	장점	사표(死票) 줄일 수 있음
선거 비용 절감		소수당의 의회 진출 용이
군소정당 난립 막아 정국 안정		지연·혈연 등 비합리적 요소 개입 배제
사표(死票) 늘어날 가능성 높음	단점	투·개표 비용 증대 및 재·보궐 선거 개최 어려움
소수당의 의회 진출 어려움		군소정당 난립 가능성

도가 도입될 때 승자독식 구도에서 벗어날 수 있다. 다만 농어촌은 적은 인구수와 정치적 소외 가능성 등을 감안해 소선거구 제도를 유지하는 것도 고려할 만하다.

승자독식 구도에서 벗어날 때 의원들은 계파 수장의 눈치를 볼 필요 없이 정책 경쟁에 전념할 수 있다. 낙선에 대한 부담감이 줄어드는 만큼 포퓰리즘 공약 대신 건전한 정책 경쟁에 나설 수도 있다. 소중한 한 표가 사표死票가 될 확률이 낮아지는 만큼 유권자들이 더 활발하게 선거에 참여할 동력도 생긴다.

액션 플랜 7.
정치인 육성 학교를 세우자

전 세계 교육 정책의 롤모델로 꼽혔던 스웨덴 교육 정책은 최근 개혁 작업에 들어갔다. 그리고 그 개혁의 열쇠를 쥐고 있는 수장은 1983년생인 구스타프 프리돌린 교육부 장관이다.

프리돌린 장관 외에도 전 세계적으로 젊은 정치 리더들이 쏟아져 나오고 있다. 그리스 알렉시스 치프라스 총리(43)는 33세에 당대표로 뽑혔고, 39세에 이탈리아 총리가 된 마테오 렌치는 10여 년 전 이미 주지사를 지냈다. 영국의 데이비드 캐머런 총리는 43세, 토니 블레어 전 총리는 44세, 미국의 버락 오바마 대통령과 러시아 블라디미르 푸틴 총리는 각각 48세, 독일의 앙겔라 메르켈 총리는 51세에 취임한 바 있다.

이처럼 젊은 나이에 꽃을 피울 수 있었던 것은 어렸을 때부터 다양한 정치적 활동을 통해 현실 정치에 눈을 떴기 때문이다. 프리돌린 장관의 경우 일찌감치 정당에 몸을 담아 정치 수업을 받았다. 유럽에서는 차세대 정치인을 육성하는 것을 정당 본연의 임무로 인식하고 있다.

스웨덴 사회민주당은 당내 기관으로 ABF노동자 교육기관, 봄메쉬빅 Bommersvik, 청년 정치학교을 운영 중이다. 정치 지망생들이 당의 이념을 공유하고 정치 실무를 익히며 기존 당원들과 유대를 쌓을 수 있는 교두보 역할을 한다.

독일의 사회민주당과 녹색당은 각각 청년사민당, 청년녹색당 조직을 운영한다. 청년사민·녹색당 지도부는 청년 당원들끼리 별도로 선출하고 노동·환경·주거 문제 등에서 시민단체와 연계해 정책을 발굴한다.

일본은 정당은 물론 기업가의 선견지명으로 정치 리더를 대거 육성했다. 일본의 파나소닉 창업자인 마쓰시타 고노스케가 1979년 설립한 '마쓰시타 정경숙松下 政經塾'이 대표적이다. 마쓰시타 정경숙은 1993년 중의원 선거에서 정경숙 출신 15명이 대거 당선되며 주목을 받았으며 1기 졸업생인 노다 요시히코 전 민주당 대표가 2011년 총리에 오르기도 했다.

반면 우리는 정치 참여를 희망하는 청년들이 선거 승리와 정책 홍보를 위한 '수단'으로 소모되는 실정이다. 당 차원에서 청년 인재를 육성하려는 시도는 찾아보기조차 어렵다. 새누리당은 청년국과 청년위원회가 있고 더불어민주당도 전국 청년위원회와 전

주요 선진국의 정치 리더 교육

스웨덴 사회민주당	- 당내 기관으로 ABF(노동자교육기관), 봄메쉬빅(청년정치학교) 운영 - 정치 지망생들이 당의 이념 공유, 정치 실무 체득, 기존 당원들과 교류하는 교두보 역할
독일 사회민주당·녹색당	- 각각 청년사민당, 청년녹색당 조직 운영 - 청년사민·녹색당 지도부는 청년 당원들끼리 별도로 선출 - 노동·환경·주거 문제에 대해 시민사회단체와 함께 정책 발굴
일본 마쓰시타 정경숙	- 파나소닉 창업자인 마쓰시타 고노스케가 1979년 설립 - 인재 배출보다 미래 지도자의 자질 함양을 더 중시 - 매달 생활비 지급해 마음껏 공부할 수 있는 환경 제공

국 대학생위원회를 운영 중이다. 그러나 제대로 된 교육 프로그램은 찾아보기 어렵고 청년 기준도 만 45세 이하로 높여 잡고 있다. 법조인 등 일부 전문직만 선호하는 정치권 분위기도 문제다.

각 정당은 국고보조금을 이용해 정치 리더십 프로그램을 만들 것을 주문한다. 아예 여야 공동으로 국회 내에 '차세대 정치 학교'를 세우는 것도 바람직하다. 젊은 세대가 정치권을 등진 것은 '정치 무능'에 따른 실망감과 정치적 무관심이 전부가 아니다. 정치가 자신의 삶과 직결돼 있음을 체감할 수 있도록 어렸을 때부터 교육하지 못한 시스템 부재의 탓이 더 크다.

액션 플랜 8.
전국을 8개 권역으로 나눠
광역 자치를

지방자치제가 1995년 처음 시작된 뒤 20년이 흘렀다. 성과도 있었지만 국가의 중장기적 미래를 위해선 전면적인 점검이 필요해 보인다.

우선 '규모의 경제'를 확보하지 못한 지자체가 너무 많다. 이로 인해 행정의 비효율성은 물론 국가 경쟁력 강화에 역행하는 사례도 적지 않다. 지역 불균형 심화도 문제다. 지자체별로 인구나 면적, 재정 규모 등의 편차가 심하다.

행정구역의 문제도 존재한다. 교통의 발달로 생활권역이 넓어지면서 행정구역과 생활권역의 불일치에 따른 주민들의 불편이 늘어났다. 전자결재 등 기술의 발달에 따라 행정 환경은 급격히 변하는데 지금과 같은 다단계 계층 구조는 시간과 비용의 불필요한 낭비로 이어진다.

선진국들도 오래전부터 지방행정 체제를 개편하기 위한 노력을 해 왔다. 영국의 경우 1992년 지방자치위원회를 설치하여 단층제 개편을 추진한 바 있고, 일본도 기초자치단체를 통폐합하고 광역자치단체도 현행 47개 도도부현都道府縣의 지방행정 체계를 2018년까지 10여 개의 '지역분권형 도주제道州制'로 재정비한다는 계획이다.

이러한 개편을 통해 중앙정부는 인력과 예산을 줄이고 지방정부는 자치권을 확보하여 저비용·고효율 구조가 가능해진다. 행정자치부의 '지방자치 20년 평가'에 따르면 지역 간 소득 불균형과 중앙정부에 대한 재정 의존도는 심각한 수준이다. 지방재정 자립도는 1995년 63.5%에서 2014년 50.3%로 낮아졌다.

한국 정치의 발전을 위해서도 지자체가 제대로 역할을 해야 한다. 중앙정치는 국가적 과제에 집중하고 지역 현안은 지자체 차원에서 해결해야 한다. 이를 위해 지자체 구조를 8개 메가 권역으로 바꾸는 방안을 적극 검토할 것을 제안한다. 이명박정부 시절에 '5+2 광역경제권' 정책을 검토한 바 있다. 5대 광역경제권(수도권, 충청권, 호남권, 대경권, 동남권)과 2개 특별광역경제권(강원도, 제주도)을 설정해 지역 전략산업의 중복 및 비효율성을 줄이고, 자원 배분의 효율성을 강화하려는 복안이었다.

단, 서울의 특수성을 고려해 수도권을 서울권과 경기권으로 구분할 필요가 있다. 8개 메가 권역 체제는 각 지역의 향토성과 문

8개 메가 권역 인구 및 면적

(단위: 명, ㎢)

권역	인구	면적
서울시	1,002만	605
경기권	1,545만	1만 1,185
충청권	539만	1만 6,570
호남권	525만	2만 650
대경권	519만	1만 9,910
동남권	805만	1만 2,344
강원권	155만	1만 6,873
제주권	62만	1,848

*인구는 2015년 12월 기준

화, 지역적 특성을 유지하면서도 지역 경쟁력을 제고할 수 있는 방법이다. 중앙정치는 '슬림'해지고, 지방정치는 '규모'를 키우는 길이다.

액션 플랜 9.
갈등조정 상시기구를 만들자

    우리 사회의 갈등 구조가 악화되고 있다는 점은 여러 조사에서 반복적으로 입증되고 있다. 지난 2015년 한국보건사회연구원이 발표한 '사회갈등지수 국제비교 및 경제 성장에 미치는 영향' 보고서에 따르면 우리나라 사회갈등지수는 1.043(2011년 기준)으로 OECD 24개국 중 5위인 것으로 나타났다. 반면 사회갈등관리지수(0.380)는 조사 대상 34개국 중 27위로 조사돼 우리나라는 사회적으로 갈등이 발생할 요인은 많지만 이를 관리할 능력은 떨어지는 것으로 분석됐다. 연구보고서는 사회갈등지수가 낮은 국가일수록 1인당 국내총생산GDP 규모가 증가했고, 갈등관리를 10%p 높일 경우 1인당 GDP가 1.75~2.41% 늘어난다는 분석을 내놓았다.

    우리 사회의 이념 갈등은 여전하고, 세대 갈등이 새롭게 부상하고 있다. 여기에 '금수저'와 '흙수저'가 상징하듯 계층 갈등이 세대 간으로 전이되면서 사회통합을 저해하고 있다. 정치권은 '국민통합'이라는 키워드를 내세우고 있지만 지지층을 동원하기 위한 정치적 수사로 남용되고 있는 것이 한국 정치의 현실이다. 특히 선거를 앞두고 이념적 극단을 지향하면서 지지 세력을 공고히 한다.

이런 상황에서 유럽연합, 일본 등 해외 각국의 사회통합 사례를 주목할 필요가 있다. 유럽 국가들은 두 차례의 오일쇼크를 거치며 '케인즈-베버리지' 복지국가가 재정위기에 처하자 이를 국민국가 경계를 뛰어넘는 유럽연합이라는 단일 블록화로 돌파했다. 그 과정에서 사회통합을 최우선 가치로 내세웠다. 유럽연합 차원에서 사회통합을 위한 공동 목표를 수립하고 사회적 포용을 위한 국가별 행동 계획을 만들고 있다. 일본 역시 2011년부터 '한 사람 한 사람을 포섭하는 사회' 특명팀을 설치해 배제가 아니라 포용의 방향으로 사회 시스템을 재편하는 데 힘을 모으고 있다.

이와 관련해 우리는 민관 합동으로 '갈등조정 상시기구'를 설립할 것을 제안한다. 정권이 바뀌어도 영향을 받지 않을 중립적이고 통합적인 기구를 만들어야 한다. 그래서 체계적이고 지속적으로 국민통합 정책이 추진될 수 있도록 해야 한다. 사회적 갈등의 조정과 국민통합은 지엽적인 사회적 과제가 아니라 국정의 최우선 순위임을 인식해야 한다. 대다수 국민들이 공감할 수 있는 공

한국 사회의 주요 갈등 요인

구분	갈등 요인
소득격차 확대로 인한 계층 갈등	- 중산층(중위소득 50~150% 가구) 75.4%(1990년), 71.7%(2000년), 67.5%(2010년)로 감소 - 저임금 근로자 비율 25.1%로 OECD 국가 중 최고 수준, 비정규직 문제 심화 - 소득 1분위 대비 5분위 배율은 2004년 6.6배에서 2012년 8.1배로 상승
저출산·고령화와 세대 갈등	- 2050년 고령화율 38.2%로 급증, 복지 확대와 재정 악화 예상 - 국민부담률 확대와 이에 따른 증세 문제가 사회적 갈등 요인으로 부각
미래 불확실성과 사회적 불신	- 잠재성장률 2010년대 평균 4.1%, 2020년대 2.8%, 2030년대 1.7%로 지속 하락 - 글로벌 경기 침체 지속과 내수 경기 부진 등 경제적 불확실성 증가
북한 리스크와 이념 갈등 심화	- 북한의 주기적 도발에 따른 안보 위험성 상존, 향후 통일 과정에서 경제적 부담과 사회적 갈등 가능성 - 좌우 이념 양극화, 정당 간 대치 심화로 인한 정치적 불안정성 증가

통의 통합적 가치를 도출하고 정당들은 '정책'으로 이를 실현하려는 경쟁을 해야 한다.

액션 플랜 10.
국회의원 공약등록제 실시하자

　한국매니페스토실천본부가 2016년 2월 발표한 '19대 총선공약 분석 결과'에 따르면 19대 국회를 마무리하는 시점에서 공약 이행 수준은 완료 4,346개(51.2%), 추진 중 3,525개(41.6%), 보류 130개(1.5%), 폐기 102개(1.2%) 등인 것으로 나타났다. 한국매니페스토실천본부는 보고서에서 여야 모두 공약을 이행하기 위한 노력이 부족했다고 지적했다.

　특히 19대 지역구 국회의원의 공약 이행을 위해 소요되는 재정은 667조 원에 달하지만 재정이 얼마나 필요한지 추계조차 못 하는 의원들이 다수 발견됐다고 밝혔다. 2015년 7월 분석 보고서에서도 한국매니페스토실천본부는 공약 이행 정보를 공개한 218명 중 재정을 추계한 의원은 88명(40.37%)에 불과하다고 분석했다.

　국회의원들이 무책임한 공약을 발표한 뒤 사후관리에 소홀한

19대 국회의원 공약 이행 현황

구분	완료	추진 중	보류	폐기	기타	합계
전체	4,346건 (51.24%)	3,525건 (41.56%)	130건 (1.53%)	102건 (1.2%)	378건 (4.46%)	8,481건
재·보궐	264건 (36.82%)	405건 (56.49%)	26건 (3.63%)	8건 (1.12%)	14건 (1.95%)	717건

자료: 한국매니페스토실천본부 (2016년 2월)

것이 하루이틀 일은 아니다. 공약을 제대로 이행했는지 객관적 평가조차 제대로 이뤄지지 않으니 이들은 예산 심사 과정에서 지역구 예산을 반영하는 것에만 온통 신경을 쓴다.

이 같은 현상은 지역구 국회의원들의 선거공학적 셈법과 연계돼 있다. 국가의 거시적 재정 문제보다는 지역 주민들의 민원 해결이 표와 직접 연관되기 때문이다. 이로 인해 지역구 국회의원들의 총선 공약은 지역 민원성 개발 이슈가 주를 이룬다. 또한 이들의 국책사업 유치, 이전 등과 도로·철도와 관련된 공약들은 지역 유권자의 욕망을 부추겨 표를 얻겠다는 구태의 전형이다. 예산안 심사가 끝나면 본인이 지역구에 예산 얼마를 끌어왔다는 식의 홍보가 홍수를 이루지만 정작 공약 이행률은 절반 정도에 머무는 것이 현실이다.

20대 총선을 앞두고 우리는 정치권의 포퓰리즘으로 국가 위기에 빠진 그리스 국민들의 절규를 되돌아볼 것을 요청한다. 특히 '공약등록제'가 대안이 될 수 있다고 본다.

공직선거법 66조에 의해 대통령·지방자치단체 후보들은 각 공약사업의 목표와 우선순위, 이행 절차, 이행 기간, 재원 조달 방안 등을 선거 공약서에 게재해야 한다. 그러나 국회의원들은 해당되지 않는다. 한국매니페스토실천본부 설문조사에서도 국회의원 후보자에게는 선거 공약 및 추진 계획을 게재한 선거 공약서 작성이 불법인 공직선거법 66조, 공직후보자의 자서전은 합법이나 국회의원 후보자의 선거 공약 및 이에 대한 추진 계획을 게재한 공약집은 불법인 제60조의 4, 자유로운 선거를 보장하기 위해 예비후보자 홍보물의 규격 면수 등을 규제하고 있는 제60조의 3 등을 개정해야 한다는 주장에 80%가 찬성했다. 하지만 국회 정치개혁특위에서는 이에 대한 논의가 한 차례도 이루어지지 않았다.

최근 '페이 고Pay-Go' 원칙 도입 등 선심성 입법에 대한 규제가 화두다. 선거 공약에서부터 재정 계획을 밝혀야 선심성 입법이 근절될 수 있다. 따라서 '포퓰리즘은 망국'이라는 인식하에 선거 한 달 전 국회의원 후보자들의 공약 사항을 등록하게 하고 재정 추계를 의무화해야 한다. 또 전체 출마자의 공약 정보를 선관위 웹사이트에 게시해 유권자 선택의 폭을 넓히고, 공약 이행에 대한 정보 공개도 수반될 때 포퓰리즘 근절이 가능하다.

〈미래경제보고서〉 정치 자문단(가나다순)

국내

강원택 서울대 교수

김상배 서울대 교수

김수진 이화여대 교수

김형준 명지대 교수

박원호 서울대 교수

박재완 성균관대 교수

이내영 고려대 교수

임혁백 고려대 교수

조셉 이 한양대 교수

조화순 연세대 교수

해외

대니얼 앨트먼 뉴욕대 교수

도널드 존스턴 전 OECD 사무총장

리처드 플로리다 토론토대 교수

마티아스 호르크스 프랑크푸르트미래연구소장

비벡 와드하 싱귤래리티대 교수

이브 레테름 전 벨기에 총리

이언 피어슨 퓨처라이즌 소장

짐 데이토 하와이대 교수

토마스 프레이 다빈치연구소장

해리 덴트 《2018 인구절벽이 온다》 저자

대한민국 미래경제보고서

정치의 미래

초판 1쇄 2016년 3월 25일

지은이 매일경제 미래경제보고서팀
펴낸이 전호림 **제1편집장 및 담당PD** 고원상 **펴낸곳** 매경출판㈜
등 록 2003년 4월 24일(No. 2 - 3759)
주 소 우)04627 서울특별시 중구 퇴계로 190 (필동 1가 30-1) 매경미디어센터 9층
홈페이지 www.mkbook.co.kr
전 화 02)2000 - 2610(기획편집) 02)2000 - 2636(마케팅) 02)2000 - 2606(구입 문의)
팩 스 02)2000 - 2609 **이메일** publish@mk.co.kr
인쇄 · 제본 ㈜M - print 031)8071 - 0961

ISBN 979 - 11 - 5542 - 422-3(03320)
       979 - 11 - 5542 - 424 - 7(SET)
값 8,000원